12 Pasos para activar el emprendedor en ti.

...Secretos compartidos de un Real Ceo *By Claudia Liliana.*

12 PASOS PARA ACTIVAR EL EMPRENDEDOR EN TI.

By Claudia Liliana.

12 Pasos para activar el emprendedor en ti.

...Secretos compartidos de un Real Ceo *By Claudia Liliana.*

Prologo.

Este libro es el resultado de mi experiencia real sobre la necesidad de la comunidad hispana que desea emprender un negocio en EEUU quienes se encuentran sin mucha esperanza de obtener recursos o mentores para seguir sus objetivos, este libro lo escribo como mi respuesta a mi audiencia, diciéndoles amorosamente: *Yo también les escuche a ustedes*, les presento: **Los doce Pasos para Activar el Emprendedor en ti**, porque tengo la convicción que tienes un emprendedor adentro. Disfrútalo, lo escribí con todo mi amor por ti en Cristo. Espero que este libro te sirva de inspiración como me ha servido a mi cada uno de estos secretos en mi carrera de emprendedora, debo decir que el Ejecutivo más sabio para mí, el CEO de todos los tiempos ha sido Jesús de Nazaret, quien eligió su consejo directivo de una forma tan poderosa mediante sus doce apóstoles, quienes esparcieron el evangelio que es la estructura más sólida en la historia misma de la humanidad, puesto que se predica y aplica en presentes días en negocios, cultura, religión, empresa, economía y en un estilo de vida día a día. Siempre vigila que tu carrera de Emprendedor no sea jamás una maldición ni te traiga el comprometer tu integridad por dinero, no dejes de besar a tus hijos por negocios ambiciosos, no dejes de respetar a tu esposa por las cosas que puede comprar el dinero pero no dan paz, no te deslumbres por el mundo del poder, de marcas, exclusividad y veas a tu esposo de pronto muy poca cosa para ti porque te estas engañando. No permitas socios corruptos, religiones tibias, políticos manipuladores, artistas charlatanes, no pienses jamás que el ser emprendedor te dará identidad, y que sin dinero nada eres, porque estarás equivocado.

Emprende para bendecir, para empezar un legado generacional de emprendedores que no están peleados con el mundo de inversiones y empresarios, pero también, siembra en tus generaciones un buen corazón, diezma al Rey de Reyes lo que tienes que diezmar, bendice a otros con proyectos y da al que no tiene, haz obras altruistas y humanitarias y no compres amigos, simpatía ni felicidad porque eso es falso y no durara.

Mujer, si emprendes y eres soltera, no des al mundo la impresión que no necesitas un hombre junto a ti para hacerte feliz, porque aun cuando logres hacer millones de dólares, fuiste creada para recibir amor y protección y el Emprender no debe ser interpretado

12 Pasos para activar el emprendedor en ti.

...Secretos compartidos de un Real Ceo *By Claudia Liliana.*

como mujer de acero, claro que económicamente no necesitas a un hombre o a una mujer para cubrir tus inversiones, pero eso es lo mejor de todo, que con tu talento de emprendedora, y tu independencia, escoges, al hombre que quiera amarte y apoyar todo tu potencial, pero sobre todo siempre cuidarte la espalda y abrazarte cada vez que el cruel mundo de negocios te traicione o la envidia de tu éxito sea toxica con muchas actitudes en tu contra y el con su protección y fortaleza te honre. Mujer emprendedora, no sacrifiques nunca tu femineidad y tu calidez de dar lo mejor que tienes en ti : Amor y vida, se sabía, emprende y re invierte, se fuerte, muestra quien eres, y siempre segura de ti misma porque sabes que el Leon de juda está junto a ti peleando tus batallas, consigue más hablando menos y actuando asertivamente, no seas tibia en demostrar tu autoridad en negocios, no te muestres muy emocional ni apasionada en las inversiones, se apasionada en la ejecución de la misión de lo que emprendas, no te dejes seducir por falsos círculos, ni seas borrego siguiendo el rebano, solo se oveja obediente de tu buen pastor: Jesús , habrás oído la frase que no mezcles lo personal con los negocios, hoy en día eso es obsoleto y falso para mí, porque siempre veo quien es la persona con la que hare negocios para tomar una decisión, no hagas negocios con corruptos ni alacranes o serpientes porque por naturaleza te destrozaran y destruirán. No humilles al que no tiene tu capacidad de emprender, se quién eres, y ten siempre presente que la sabiduría no la compra el dinero, se cómo Debora, quien fue la única Jueza mujer de Israel, quien no tenia hambre de poder y se le dio el poder por su autodominio, tampoco veas el ser esposa y madre como un estorbo para tu carrera emprendedora si no todo lo contrario, que sean tu motivación dia a dia, acepta la mentoria de otros más sabios y haz alianzas que bendigan tu legado de emprendedores, siempre permanece en luz y brilla todo lo que eres y se la sal de la tierra, discreta, elegante pero con mucha firmeza. Emprendedores, apégate al más sabio CEO de todos los tiempos mediante su Palabra, Jesús de Nazaret, con su gracia y su mayor enseñanza la cual debe ser el centro de todo lo que emprendas: **Amor.**

Todo mi amor en Cristo: *Claudia Liliana.*

12 Pasos para activar el emprendedor en ti.

...Secretos compartidos de un Real Ceo *By Claudia Liliana.*

.

Dedicatoria.

Quiero dedicar este libro a mi amado hijo Joshua, quien ha sido mi inspiración en toda mi carrera empresarial y espiritual, en mi bendecida vida. Dedico este libro a mi omnipotente Jehova Dios Magnifico, por quien soy lo que soy y sin el nada soy, le dedico este libro a mi razón más importante de mi existir: Mi Hijo Joshua, quien ha traído amor y luz a mis días desde que llegó a mi vida, ha sido mi inspiración y razón para caminar esta bendecida jornada de emprender: Te Amo Joshua. Agradezco a Jerry Inocencio Director Nacional de Salem Media quien ha creído en mi talento en radio   y ha sido mentor en negocios, pero sobre todo mi primera oración de recibir al señor Jesús vino de el hacia mí: Gracias Boss. Agradezco a mis padres: Estela y Dionisio, les bendigo y les amo donde quiera que estén, a Crystal y Ricardo, les amo y les bendigo. Y también a Lumy, Fernando y Maria del Milagro les amo y les bendigo. Agradezco a Blanca Urquizo quien es mas que mi asistente ejecutivo, ha sido un Ángel trabajando para mis corporaciones no por dinero, si no por amor a la Excelencia. Amorosamente dedico este libro a Dionisio Gomez Prieto, mi padre, quien con su sabiduria y amor, me muestra cuanto Dios me ama, y para ello no me alcanza todo el alfabeto del idioma castellano para dar gracias, padre Jesús, sin ti nada soy y solo en ti todo lo puedo en tu nombre, Gracias.

Todo mi amor en Cristo: *Claudia Liliana.*

12 Pasos para activar el emprendedor en ti.

…Secretos compartidos de un Real Ceo *By Claudia Liliana.*

Indice.

Título... 1

Prólogo 2

Dedicatoria.. 4

Los 12 Pasos para activar el empendedor en ti 9

Paso 1: Controla al Controlador: Tu mente. Entrenándola solo para el Exito. 10

Pidiendo Sabiduria: Infórmate e investiga sobre lo que quieres emprender 11

    Secreto del Ceo: Siendo exitoso estando informado.................... 16

    Secreto del Ceo: Rodéate de personas positivas........................ 18

    Secreto del Ceo: Escucha tu voz interior 19

    Secreto del Ceo: Proteje tus joyas mentales, repele a los negativos 21

Paso 2: Define tu Identidad: Descubriendo tu linaje de Reyes 23

    Secreto del Ceo: Perseverancia VS Talento........................... 25

    Secreto del Ceo: Tipos de talentos: Evidentes, Ocultos y Potenciales... 25

    Parabola de los talentos.. 29

Paso 3: Desea lo que quieres: La pasión por emprender.................. 32

    Secreto del Ceo: Que hago si no se lo que quiero: Autoanalizando al emprendedor dormido en ti.................... 34

    Secreto del Ceo: No es suficiente querer: Hay que desear... 35

    Secreto del Ceo: El poder del Deseo por Aprender... 36

Paso 4: Ahorrate por Qué Equivocado: Definiendo por Qué real de lo que quieres... 44

    Secreto del Ceo: Paradígmas asesinos del Éxito...................... 44

    Secreto del Ceo: Sustituyendo tu Porque equivocado por tu Porque Acertivo 48

Paso 5: Visualiza tu éxito como una orden al Universo... 53

12 Pasos para activar el emprendedor en ti.

...Secretos compartidos de un Real Ceo *By Claudia Liliana.*

Indice.

Secreto del Ceo: Visualizando lo que quieres, eres y emprendes 54

Secreto del Ceo: Visualización efectiva.. 55

Paso 6: Elabora tu propio Plan de Felicidad: El kindergarden para el plan de negocios... **58**

Secreto del Ceo: Plan de negocios + Plan de vida= Plan de Felicidad... 59

Secreto del Ceo: Metas, acciones, tiempos. Emprender con un plan... 60

Paso 7: Ponle Tiempo de Entrega ¿Cuando? Define la Ejecución de tu éxito... **66**

Secreto del Ceo: Ladrones del tiempo: Interrupciones, Improvisación, Inadecuada administración del tiempo... 67

Paso 8 : Haz que suceda: Lo que activa el ser proactivo... **71**

Secreto del Ceo: Concepto científico de proactividad... 72

Secreto del Ceo: Cualidades del emprendedor proactivo... 72

Secreto del Ceo: Proactivo VS Impulsivo (Errónea percepción de proactividad para el emprendedor)... 73

Secreto del Ceo: De Ideas están llenas los soñadores, de acciones son formados los emprendedores... 76

Paso 9: Escríbele un Memorándum Formal al Éxito **79**

Secreto del Ceo: Enfoca tu energía en lo que vale la pena... 80

Secreto del Ceo: Habla de tus logros (El poder de la palabra)... 82

Paso 10: Fortalécete en el Rechazo (Cada Negación te prepara para el SI definitivo)... **83**

Secreto del Ceo: Combatiendo Objeciones... 85

12 Pasos para activar el emprendedor en ti.

...Secretos compartidos de un Real Ceo *By Claudia Liliana.*

Indice.

Secreto del Ceo: Si no Vendes para que el negocio............ 86

Secreto del Ceo: Superando el No del Precio............ 88

Secreto del Ceo: Manteniendo la Actitud Mental Adecuada: Éxito y Positivismo............ 89

Secreto del Ceo: Fortalecerte en el Rechazo: La ecuación de Éxito del emprendedor en ti............ 91

Paso 11: El arte de Juntar todo en una Sola pieza: Tu eres una Obra Maestra............ 93

Secreto del Ceo: Tu Obra maestra: El Plan de Negocios............ 95

Secreto del Ceo: Resumen Ejecutivo del Plan de Negocios............ 95

Secreto del Ceo: Estrategias de Mercado: ¿Cómo? Redactando el plan de Negocios............ 96

Secreto del Ceo: Diseño y Desarrollo: ¿Cuánto? Redactando el Plan de Negocios............ 97

Secreto del Ceo: Estructura Financiera. ¿Cuánto Dinero Harás? Redactando el Plan de Negocios............ 98

Paso 12: Celebra tu total transformación del Emprendedor Activado en ti............ 100

Secreto del Ceo: Brilla y lleva la luz de tu éxito a donde vayas, nunca temas ser luz en otros............ 100

Resumen de los 12 pasos para Activar el Emprendedor en ti............ 101

Empresarios Cristianos que han formado Franquicias millonarias mundialmente 113

12 Pasos para activar el emprendedor en ti.

...Secretos compartidos de un Real Ceo *By Claudia Liliana.*

Indice.

Del Corazón del Ceo Para ti: Mi mentoria y reflexión del caminar en el mundo emprendedor.. 115

8 Personajes en la Biblia exitosos en negocios y Liderazgo... 118

Moises... 119

Abraham... 120

Isaac... 120

Debora.. 121

David... 122

Salomon.. 124

Ester... 125

Job.. 126

Oración del Emprendedor Declarando recibir a Jesús como Salvador y Ceo de Compañía................................... 130

12 Pasos para activar el emprendedor en ti.

...Secretos compartidos de un Real Ceo *By Claudia Liliana.*

Mis Secretos compartidos como un Real CEO son :

12 Pasos para activar el emprendedor en ti.

Paso 1: Controla al Controlador   (Tu mente, entrénala a tener éxito).

Paso 2: Define tu Identidad. (Quien soy, descubriendo mi linaje con la Realeza).

Paso 3: Desea lo que Quieres. (No solo es descubrir que quieres, si no desearlo con todas tus fuerzas).

Paso 4: Ahórrate el Porque equivocado. (Porque quieres ser emprendedor, tu porque, no el de otros).

Paso 5: Visualiza tu éxito como una orden al universo.

Paso 6: Crea tu propio plan de felicidad.

Paso 7: Ponle tiempo de entrega a tu éxito. (¿Cuando? Define la ejecución del éxito).

Paso 8: Haz que Suceda. (Activa el emprendedor real en ti y haz que suceda).

Paso 9: Escríbele un Memorándum Formal al Éxito.
(Ponlo por escrito y dale seguimiento).

Paso 10: Fortalécete en el Rechazo (Cada negación te prepara para el SI definitivo).

Paso 11: El arte de Juntar todo en una sola pieza: Tú obra maestra.

Paso 12: Celebra tu total transformación y el Emprendedor que está más activado en ti.

Ahora camina y brilla, lleva luz de éxito donde vayas y se la sal de la tierra, contigo empieza una generación y legacía de Emprendedores.

12 Pasos para activar el emprendedor en ti.

...Secretos compartidos de un Real Ceo *By Claudia Liliana.*

Paso 1: Controla al controlador: *TU MENTE,* Entrénala a tener éxito.

Uno de cada diez empresarios tienen éxito, el resto se queda en el camino o en el intento, peor aún, ni siquiera empiezan o activan el emprendedor que hay dentro de cada uno de ellos mismos, porque no sabemos controlar el musculo más poderoso de la maravillosa creación humana : Nuestra Mente... y no podemos sin una fuerza superior a nosotros mismos, y esa fuerza omnipresente es la de nuestro creador Dios, Jehová mediante su hijo amado Jesús, la convicción de mi afirmación es simple: Porque él es principio y fin de toda la creación **"Yo soy el alfa el primero y el último, el principio y el fin" Apocalipsis 22:13.** El primer paso y para activar el emprendedor que hay en ti es: controlar tu mente, preparar tu mente para tener éxito, nuestro cerebro es el arma más poderosa en nosotros, desde la creación misma de la existencia humana, nuestra mente es capaz de construir emporios, crear sistemas millonarios y también de destruir masivamente si se desea, aun el decidir si queremos usar nuestra arma poderosa , nuestra mente, cual arma ponderosa para bien o mal, está bajo nuestro control, me refiero al libre albedrío. El libre albedrío de controlar nuestra mente el cual ha sido otorgado por naturaleza desde nuestra creación, es tan poderoso que podemos lograr más allá de lo imaginable con ella, el secreto es controlarla y no que nos controle ella a nosotros, la mente nos pertenece. El primer paso para activar el emprendedor exitoso en ti, *ORDENAR A TU MENTE A PREPARARSE PARA SER EXITOSA.*

2 De Timoteo 1:7."Porque no nos ha dado Dios espíritu de cobardía, sino de poder, de amor y de dominio propio".

12 Pasos para activar el emprendedor en ti.

...Secretos compartidos de un Real Ceo *By Claudia Liliana.*

Pidiendo Sabiduría al Sabio de Sabios: Jesús.

Este libro es un programa de: **12 Pasos para activar el emprendedor en ti,** ya que para activar el emprendedor exitoso que hay en ti, es imperativo empezar a pensar en un plan de negocios para la empresa de la que serás presidente o dueño, aunque parece muy prematuro pensar en ello , ya que puede ser que aún no sepas ni siquiera en que quieres poner tu negocio o empresa, pero precisamente por eso: INFORMATE-INVESTIGA sobre tu giro de servicio o producto, o sobre la industria que manejaras, créeme que entre más empapado e informado estés sobre el tema , más éxito tendrás y harás decisiones más acertadas, por ello pedir sabiduría es de suma importancia, te servirá para el plan de negocios que desarrollaremos también en este libro. Hoy en día es más importante no ser el más talentoso en buscar y encontrar la mayor información posible, es más importante el seleccionar la mejor información exacta y precisa para lo que harás en empresa y así no perder el tiempo en consumir mucha información que no necesitaras. Mi mejor consejo: *"Pide Sabiduría a Dios".*

2 de Crónicas 12:12 " Sabiduría y conocimiento te han sido concedidos. Y te daré riquezas y bienes y gloria, tales como no las tuvieron ninguno de los reyes que fueron antes de ti, ni los que vendrán después de ti".

El Génesis para activar el emprendedor en ti, entonces es, ya que decidiste controlar al controlador: tu mente, ahora te ordenas a ti mismo en *preparar a tu mente a tener éxito,* para ello tienes que *tomar control de tu mente* y *ordenarle* que se prepare para el éxito, que todo lo que piense sea positivo, que cada acción que ordene sea benéfico para tu meta en ser emprendedor, pero principalmente a ti como ser humano , para ser un empresario exitoso, tienes que ser un ser humano exitoso, y un ser humano exitoso es aquel que está satisfecho con su vida, con lo que hace y a donde va cada día. Créeme que lo más difícil es entrenar la mente y ordenarle que sea un aliado positivo y no negativo, como mencione anteriormente estudios

12 Pasos para activar el emprendedor en ti.

...Secretos compartidos de un Real Ceo *By Claudia Liliana.*

recientes han demostrado que no solo es suficiente el talento de un ser humano, sino el esfuerzo y la dedicación que invierta en desarrollarlo, y para ello la mente debe obedecer al individuo que la posee, en este caso tú mismo; déjame decirte que lo primero que debes de ser un master es en dar órdenes, claro, si tu deseo es ser un empresario, pero definitivamente tu eres el jefe, quien controla tus ideas, sueños, sentimientos, emociones, carácter y claro, TU MENTE. Es muy probable que te preguntes ¿y cómo hago eso? ¿Tengo que regresar a la escuela? ¿Tomar vitaminas especiales? ¿Cómo cambio algo biológico con lo que ya nací? Parece imposible, pero no lo es, de hecho, es más sencillo de lo que parece.

Secreto del Ceo.

El secreto aquí es **REPROGRAMAR TU MENTE,** si quieres cambiar tienes que reprogramar tu mente, estas programado desde tu infancia (en la mayor parte por nuestros padres, profesores) en tu manera de pensar, lo que hace que actúes según lo que tienes en tu mente.

Si quieres reprogramarte al igual que se programa una sofisticada computadora, tenemos que instalarte un nuevo sistema operativo o un nuevo software, en otras palabras, tenemos que rediseñar tu forma de ordenarle a tu mente que debe y como debe positivamente ser programada para tener éxito. Hay algo que sucede desde el momento que te levantas hasta que te acuestas, estudios médicos en neurociencias dicen que conversas contigo mismo 14 horas al día y la mayoría del tiempo es un lenguaje negativo del 90% (por ejemplo son frases como: es difícil, no entiendo nada, no es para mí.) es como un virus que está dentro de ti contaminando todo. Todos los tenemos, pero tienes que decidir HOY en cambiar esos pensamientos y tu sistema de creencias para cambiar tu mañana.

12 Pasos para activar el emprendedor en ti.

...Secretos compartidos de un Real Ceo By Claudia Liliana.

Tus pensamientos y creencias del pasado han creado tu presente, entonces tus pensamientos y creencias del presente están creando tu futuro. Si crees **Hoy que no eres un líder**, por supuesto que mañana creerás que **NUNCA SERÁS UN LIDER**.

Necesitas cambiar tus   pensamientos y sistema de creencias para cambiar tu mañana, es decir ordena hoy a tu mente que es **EXITOSA,** y mañana, por inercia esa será la programación de tu mente: **TU MENTE ESTARA ENTRENADA PARA TENER ÉXITO.**

He creado una serie de ejercicios y técnicas para reprogramar tu mente a ser exitosa, escribe 10 deseos en afirmaciones positivas que quieres que sucedan en tu vida, cierra los ojos y de verdad deséalas con todas tus fuerzas, junto al deseo, escribirás el porqué de ese deseo, y después del porque pondrás que tienes que hacer en tu comportamiento y conducta para   lograrlo, esto será tu QUE. PORQUE Y COMO. Esto hará Controlar a tu mente, y darle el QUE, PORQUE Y COMO.

Por ejemplo: mi deseo es: escribir un libro, ese deseo ir en la columna de **Que,** ahora mi   **Porque**   de este deseo es: Impactar positivamente y bendecir a otros, y el **Cómo** de este deseo es: Investigar, redactar, seleccionar temas y publicar.

12 Pasos para activar el emprendedor en ti.

...Secretos compartidos de un Real Ceo *By Claudia Liliana.*

Se Proactivo.

Mis Deseos en Afirmaciones Positivas.

Afirmación Positiva

_____
_____
_____
_____
_____

¿Porqué?_____
_____
_____
_____.

¿Cómo?

_____
_____
_____
_____.

12 Pasos para activar el emprendedor en ti.

…Secretos compartidos de un Real Ceo *By Claudia Liliana.*

Felicidades, has tomado el control y has empezado una de las etapas más importantes de tu vida para este tiempo tan importante que es **Activar el emprendedor que hay en ti**, a partir de ahora, es el tiempo de Controlar tu mente y **reprogramarla** solo para tener éxito**, tu Controlas al controlador:** *Tu mente* debe solo desde ahora producir pensamientos e ideas de éxito. Para *controlar al controlador debes reprogramarlo,* después de que lo has reprogramado será tu total aliado, ahora te diré mis *4 secretos para reprogramar tu mente para solo tener éxito,* y sugiero que los apliques como credo en tu vida, para mantenerla como una herramienta de bendición y no de auto sabotaje, yo las aplico en mi vida empresarial y personal , no soy perfecta , pero cada vez me funcionan mejor, y estas joyas las comparto solo con quienes tienen la decisión de aprovecharlas, sé que tú eres especial ,y serán de bendición para ti, mis *4 secretos* **son**:

Infórmate e Investiga: Siempre debes estar informado.

Rodéate de Personas positivas y seres humanos *exitosos* que sean de influencia de progreso en tu entorno.

Escucha tu voz interior, Espíritu, *tu intimidad con Dios,* escúchale contestar la pregunta de quién eres y que quieres.

Protege y sella tus joyas mentales de **éxito** y progreso ya logradas *no contaminándoles con* basura y *pesimismo* de personas negativas.

12 Pasos para activar el emprendedor en ti.

...Secretos compartidos de un Real Ceo *By Claudia Liliana.*

Secreto del Ceo.

Desarrollando el Secreto Uno:

Siendo Exitoso Informándome e Investigando

Contesta la pregunta de cuál es el giro del negocio a continuación con el concepto o industria que tienes deseos de emprender tu empresa o negocio, o inclusive si ya tienes la empresa, escribe la rama de la misma, por ejemplo: construcción, restaurant, ventas, educación, finanzas, en sí, en el giro del que serás el emprendedor exitoso.

Además escribirás cinco páginas de internet que te proporcionen la información que necesitas para la operación de la misma, usaras el buscador Google que es uno de los más populares y efectivos en el mundo, para así tener referencia y prueba de la información e investigación que estas realizando como emprendedor, recuerda este primer paso es acerca de preparar tu mente para tener éxito, y al activar el emprendedor que hay dentro de ti, estas también recibiendo el conocimiento para desempeñarte con éxito en el giro de negocio que tu pasión te guiara. A continuación resuelve el siguiente manual de trabajo, en su mayoría es hacer investigación en Google. Felicidades Chief, estás haciendo un trabajo extraordinario ¡Acostúmbrate a celebrar tus éxitos!

12 Pasos para activar el emprendedor en ti.

...Secretos compartidos de un Real Ceo *By Claudia Liliana.*

Siendo Exitoso Informándome e Investigando:

Giro de Negocio :_____.

www: _____.

www: _____.

¿Cuantas ventas producen por año este giro de negocios?

www: _____.

www: _____.

¿Cuantas personas abren un negocio por año en la ciudad y Estado que radico?

www: _____.

www: _____.

Mercado Meta. (Nicho de Mercado).

www: _____.

www: _____.

12 Pasos para activar el emprendedor en ti.

...Secretos compartidos de un Real Ceo *By Claudia Liliana.*

Secreto del Ceo.

Desarrollando el Secreto Dos: Rodéate de Personas Positivas y exitosas como modelo a seguir.

El secreto dos para reprogramar tu mente en ser un aliado para tu éxito es tomar y aprender de las personas que admiras y que sean un modelo positivo para ti, porque al inspirarnos nos hacen ver qué modelo podemos seguir (no copiar) pero si observar y aplicar en ti mismo algo de sus acciones, actitudes, logros e inventos como un motor personal para caminar en nuestro objetivo de ser emprendedores, pero ¿cómo escoger a esas personas admirables y hacerlas un modelo para ti? Mi   consejo, observa a los que brillan y tienen éxito autentico, entonces, procede a estar cerca de ellos. *(Mateo 5:14) "Vosotros sois la luz del mundo; una ciudad asentada sobre un monte no se puede esconder".* Recuerda emprendedor, el éxito, siempre brilla. **Desarrollando del Secreto Dos :** "Rodéate de Personas Positivas y exitosas como modelo a seguir".

Enumerando los seres humanos, empresarios o genios que admiras y son modelos para el emprendedor dentro de ti:

Role Model:

Logro:

Que quiero tomar de el:

Como aplicaré su enseñanza a mi Carrera Empresarial:

12 Pasos para activar el emprendedor en ti.

...Secretos compartidos de un Real Ceo *By Claudia Liliana.*

Impresionante lo que has logrado hasta el momento, felicidades, estas reprogramando tu mente para que sea tu perfecta aliada en el éxito en esta carrera emprendedora, felicidades por tan importante logro.

Secreto del Ceo:

El Secreto tres que te comparto para ser firme en **el primer paso de Controlar al controlador**, es: ***Escucha tu voz interior, escucha tu intimidad con   Dios,**_ es algo que profundizaremos más adelante, pero empieza a escuchar ahora dentro de ti, las cosas positivas y bonitas que quiere decirte el espíritu de Dios a tu corazón y alma, que le escuches y entiendas que es lo que quieres es de suma importancia para que brilles de adentro hacia afuera y seas auténtico, no una copia de otros. Escucha tu voz interior.

¿Pero cómo logras eso? Es algo muy personal, y te sugiero que te apoyes en algo más superior a nosotros: Jehová Dios,

Jeremías 33:3 "Clama a mí y te responderé, y te daré a conocer cosas grandes y ocultas que tú no sabes."

Enumeremos a continuación 7 cualidades positivas que te dice tu voz interior sobre ti, y haré referencia personalmente a mi voz interior que es mi intimidad con Dios, en mi caso esto lo logro orando y cuando le pregunto sobre mis cualidades positivas o las que quiero aprender de mis modelos positivos a seguir, mi oración es contestada claramente con un versículo de la biblia, **Gálatas 5:22-23** y donde enumera los frutos del espíritu, y de todos ellos el que me impacta día a día es el de templanza, pero persigo perseverantemente todos los otros, principalmente el del amor, entonces mis modelos de influencia tienen esa templanza, fe, mansedumbre, gozo, por sus empresas y negocios, por su ministerio, pero eso fue lo que mi voz interior Jehova Dios me contesto a mí, tú debes escuchar tu voz con mucha atención y escribir lo que te dicta. *Gálatas 5:22-23* [22] *"Mas el fruto del Espíritu es amor, gozo, paz, paciencia, benignidad, bondad, fe,* [23] *mansedumbre, templanza; contra tales cosas no hay ley".*

Desarrollando del Secreto Tres: Escuchando tu voz interior y enumerando cualidades en ti.

1 _____

2 _____

3 _____

4 _____

5 _____

6 _____

7 _____

12 Pasos para activar el emprendedor en ti.

...Secretos compartidos de un Real Ceo By Claudia Liliana.

Secreto del Ceo.

Secreto Cuatro: *Protege tus joyas mentales y espirituales no permitiendo contaminación ni negativismo en ellas.* Ahora cerremos haciendo el compromiso que no permitirás basura negativa de quienes contaminen tus joyas creadas hasta el momento, tu mente ha sido reprogramada.

Al igual que los virus contagian enfermedades, las personas negativas transmiten parte de esa mala energía y espiritualidad no sana a los que les rodean.

Te **aconsejo** proteger tus joyas que te ha costado construir y descubrir con mucha convicción y recelo, con carácter y determinación de lo que decidiste, pero también con amor, convicción y firmeza. Apártate de negatividad y no juzgues solo muévete hacia adelante, aunque parezca extraño las personas negativas a menudo están necesitadas **de amor**, atención y comprensión. Siempre hay algo bueno: pero no trates de salvarles o pelear una batalla que no te pertenece, sin embargo, siempre habla positivamente aún por aquellos que no comparten contigo tus joyas de éxito, porque creme, esto multiplicará tu bendición.

Mantén siempre una actitud positiva: Sí, lo negativo se contagia, pero lo positivo debe contagiarse al doble, tú debes ser una influencia positiva en otros, por ello debes proteger celosamente tus joyas espirituales y mentales, porque de esto depende la reprogramación de tu mente para tener éxito y que permanezca siendo tu aliada. Permitir y mantener el optimismo será tu forma de ayudar a las personas negativas. ¿Y qué se puede hacer para mantenerse positivo? Todo lo que te produce gozo, amor, luz, porque para eso fuimos creados.

Ahora, el primer paso ha sido dado para Activar el Emprendedor en ti, vas firme para el éxito, le has dado un comando a tu mente y de ahora en adelante solo éxito. **FELICIDADES.**

Todo mi amor en Cristo:

Claudia Liliana.

Segundo Paso: Define tu Identidad. ¿Quién Soy?

Descubriendo mi linaje de Reyes.

La pregunta más importante de nuestras vidas es la de *Quien soy*, la respuesta a esta importante pregunta es muy confrontativa y hay muchas ocasiones que no podemos responderla porque no sabemos *quiénes somos*, aun siendo adultos y con una vida hecha: nos falta identidad. Ahora déjame darte mi experiencia personal, cuando sucedió un drástico cambio de vida para mí, y al tomar la decisión más importante de mi vida supe a mis 40 años, cual es mi identidad REAL cuando me supe hija de Dios y me convertí en Cristiana, mi identidad fue totalmente reafirmada y pude mostrarle al mundo quien soy **sin pretender,** se quién soy, soy linaje de reyes, y la hija más amada incondicionalmente por el rey de reyes. Con esa verdad y mi identidad juntas, mi carrera como emprendedora despunto como nunca antes en mi vida.

1 Tesalonicenses 1:4 : "Soy *elegido* y muy *amado* por Dios".

Mateo 5:13: "**Soy la sal de la tierra**".

Mateo 5:14: "Soy la luz del mundo".

Romanos 8:17:"Soy coheredera de Cristo, su espíritu mora en mí" **Efesios 2:10:**" Soy la artesanía de Dios (Trabajo hecho a mano) creado (nacido de nuevo) en Cristo, para hacer su obra". **Juan 15:16:**" Soy elegido y nombrado por Cristo para llevar su fruto, un fruto que perdura"
1 Pedro 2:9,10 "Soy de un sacerdocio real, una nación santa, una persona para la posesión de Dios, para proclamar sus excelencias. **Soy la Hija De un Rey**".

12 Pasos para activar el emprendedor en ti.

...Secretos compartidos de un Real Ceo *By Claudia Liliana.*

El segundo paso para activar el Emprendedor en ti es:

Definiendo tu identidad,

Definiendo tu identidad, esto contesta a la pregunta **¿Quién soy?**, para ello, tenemos que trabajar en una serie de autoanálisis para poder descubrir quiénes somos, y aun cuando es una pregunta que puede durar una vida entera en contestarse, definamos aquí quien eres y si tienes lo que se necesita para ser emprendedor, y si tienes duda al respecto , déjame decirte las buenas noticias: Si lo tienes!, tienes lo que se necesita para emprender, lo que requerimos es: Perseverancia y Talento para emprender. Comparto contigo estadísticas recientes que demuestran que los millonarios de las ultimas 3 décadas no se han hecho millonarios y exitosos solo por su gran talento, se han hecho exitosos porque han perseverado, delegado y aprovechado la oportunidad en el momento adecuado, pero sobre todo destacaron sus talentos y los usaron como herramienta y fueron perseverantes, en este paso descubriremos y crearemos algunos de tus talentos, recuerda que nuestra mente ya está preparada para ser exitosa, ahora definamos nuestra identidad y quiero que nos enfoquemos en los talentos que tienes.

12 Pasos para activar el emprendedor en ti.

...Secretos compartidos de un Real Ceo *By Claudia Liliana.*

Secreto el Ceo: Perseverancia VS Talento.

Descubrir tus talentos, y llegar a conocerlos bien, es un paso muy importante para encontrar tu lugar en el mundo, y por consecuencia en el mundo empresarial. Tú no eres como eres por casualidad, sino que tienes una función dentro del universo, y tus talentos son las herramientas que te permiten hacerla. *Mateo 25:29 "Porque al que tiene, le será dado, y tendrá más; y al que no tiene, aun lo que tiene le será quitado".* Los talentos que tienes no son para que estén guardados, tienes que hacerlos brillar, lo primero es identificarlos, aun cuando, no siempre es fácil saber cuáles son nuestros principales talentos, el resultado de hacer brillar el éxito en ti con tus talentos y tu perseverancia es de gran valor para ti y para el mundo empresarial. Para facilitar un poco este proceso de definir o descubrir los talentos que hay en ti, profundicemos un poco en los tipos de talentos y su clasificación.

Los 3 Tipos de Talentos.

Básicamente, todos tenemos 3 tipos de talentos: **Talentos Evidentes, Talentos Ocultos, Talentos Potenciales.**

Talentos Evidentes

Son talentos que tenemos, y que sabemos que tenemos. Evidentemente, son los más fáciles de identificar. Por ejemplo Organizado, Entusiasta, Puntual, Estudioso, Creativo, Hablar en público, etc. No tienes que hacer nada más que identificarlos, usarlos y pulirlos para hacerlos brillar más.

12 Pasos para activar el emprendedor en ti.

...Secretos compartidos de un Real Ceo *By Claudia Liliana.*

Talentos Ocultos

Son talentos que tenemos, pero sin ser plenamente conscientes de ello. Hay dos motivos por los cuales un talento puede estar oculto:

Tenemos un determinado talento, pero simplemente no nos hemos dado cuenta.

Tenemos un talento y lo sabemos, pero para nosotros es tan natural, que creemos que todo el mundo lo tiene. No vemos que no es tan habitual como pensamos, y que eso nos hace especiales.

Ejemplo de talentos Ocultos Hablar en público, no sabes si lo tienes porque nunca lo has intentado, pero si lo intentas y lo haces excelente a la primera vez y se te facilita, lo tenías natural y estaba oculto y ha sido descubierto.

Talentos Potenciales

Son talentos que creemos que no tenemos, y que nos duele y confronta no tener. Tienen un gran potencial, porque si los trabajamos, **pueden llegar a ser nuestro talento más grande**.

Los talentos evidentes y los ocultos son capacidades que tenemos de forma natural no nos requiere ningún esfuerzo ponerlas en práctica, de manera que no las trabajamos mucho. En cambio, los talentos potenciales son una parte de nosotros que, si queremos llegar a aprovechar, debemos ejercitar a fondo. El deseo de tenerlos nos impulsa a hacer el esfuerzo de trabajarlos, y este esfuerzo puede hacer que florezcan enormemente. Pero debemos hacer el trabajo, si no, se quedan dormidos para siempre.

12 Pasos para activar el emprendedor en ti.

...Secretos compartidos de un Real Ceo *By Claudia Liliana.*

Una vez hecha la descripción de los diferentes tipos de talentos, te propongo que los pongas en oración con nuestro padre celestial para que te dé discernimiento en como descubrirlos.

Bajo estas líneas encontrarás una tabla con una lista de diferentes talentos. Está basada en una que ha hecho el Instituto Gallup, aunque la he modificado un poco.

Esta lista, sin embargo, solo es una guía, no debe interpretarse como una lista definitiva de todos los talentos que hay. Si crees que faltan o que sobran talentos, la puedes modificar. Y si hay algún talento que no ves claro, interprétalo a tu manera, o sáltatelo directamente.

Talentos evidentes: En la escala del 1 al 5, definiendo 5 como máximo, 1 como mínimo. Apunta el nivel de desarrollo de los talentos descritos en la lista que encontraras en las páginas que siguen (pag. 30), (1) si lo tienes poco desarrollado poco (5) si es alto.

Si eres sincero y razonable contigo mismo, los que tengan la puntuación más alta serán tus talentos evidentes.

Talentos potenciales: ahora se trata de seleccionar los talentos que en el primer paso has puntuado de forma baja (1 o 2), y que te gustaría mucho tener más desarrollados. Es decir, los talentos que crees que no tienes, y que te gustaría mucho tener. Haz una cruz en la segunda columna en los casos que cumplan este requisito.

12 Pasos para activar el emprendedor en ti.

...Secretos compartidos de un Real Ceo *By Claudia Liliana.*

Talentos ocultos: aquí necesitarás ayuda. Pide a algún amigo o familiar que te conozca bien que marque con una cruz en la tercera columna los talentos que cree que tienes. Por supuesto, puedes hacerlo con tanta gente como quieras. Si en algún caso marcan talentos que tú crees que no tienes, o que no tienen mucha importancia para ti, es muy posible que sea un talento oculto.

12 Pasos para activar el emprendedor en ti.

...Secretos compartidos de un Real Ceo *By Claudia Liliana.*

Ahora comparto contigo, lo que a mí me hizo activar todos mis talentos y cambio mi vida para siempre:

Mateo 25:14-30 **Parábola de los talentos**

[14] "Porque el reino de los cielos es como un hombre que yéndose lejos, llamó a sus siervos y les entregó sus bienes. [15] A uno dio cinco talentos, y a otro dos, y a otro uno, a cada uno conforme a su capacidad; y luego se fue lejos. [16] Y el que había recibido cinco talentos fue y negoció con ellos, y ganó otros cinco talentos. [17] Asimismo el que había recibido dos, ganó también otros dos. [18] Pero el que había recibido uno fue y cavó en la tierra, y escondió el dinero de su señor. [19] Después de mucho tiempo vino el señor de aquellos siervos, y arregló cuentas con ellos. [20] Y llegando el que había recibido cinco talentos, trajo otros cinco talentos, diciendo: Señor, cinco talentos me entregaste; aquí tienes, he ganado otros cinco talentos sobre ellos. [21] Y su señor le dijo: Bien, buen siervo y fiel; sobre poco has sido fiel, sobre mucho te pondré; entra en el gozo de tu señor. [22] Llegando también el que había recibido dos talentos, dijo: Señor, dos talentos me entregaste; aquí tienes, he ganado otros dos talentos sobre ellos. [23] Su señor le dijo: Bien, buen siervo y fiel; sobre poco has sido fiel, sobre mucho te pondré; entra en el gozo de tu señor. [24] Pero llegando también el que había recibido un talento, dijo: Señor, te conocía que eres hombre duro, que siegas donde no sembraste y recoges donde no esparciste; [25] por lo cual tuve miedo, y fui y escondí tu talento en la tierra; aquí tienes lo que es tuyo. [26] Respondiendo su señor, le dijo: Siervo malo y negligente, sabías que siego donde no sembré, y que recojo donde no esparcí. [27] Por tanto, debías haber dado mi dinero a los banqueros, y al venir yo, hubiera recibido lo que es mío con los intereses. [28] Quitadle, pues, el talento, y dadlo al que tiene diez talentos".

12 Pasos para activar el emprendedor en ti.

Los talentos como ya te expliqué se tienen, se desarrollan o se descubren. Escribe a continuación cuál de estos talentos tienes desarrollado con la clasificación adecuada de acuerdo a los tres tipos de talentos, Por ejemplo, mi actitud positiva es un Talento evidente, ahora veamos en ti, escribe a continuación que tipo de talento es en ti el de la siguiente lista, recuerda los tipos de talentos: Evidente, Potencial, Oculto.

Talentos:

Actitud positiva:

Altruismo:

Capacidad
Analitica:

Comunicación

Creatividad:

Saber Ciudar
las
relaciones:

Autocontrol:

12 Pasos para activar el emprendedor en ti.

Ahora ya sabes tú Identidad, Eres la más maravillosa creación del todopoderoso, tu identidad será proyectada con tus talentos descubiertos y activados, Se perseverante, se firme con tu identidad, Ahora, el segundo paso ha sido dado para Activar el Emprendedor en ti, vas firme para el éxito, FELICIDADES.

Mateo 6:21 "Porque donde esté tu tesoro, allí estará también tu corazón"

Todo mi amor en Cristo:

Claudia Liliana.

Paso Tres: ¡Desea lo Que Quieres!

La pasión por Emprender.

Que es lo que realmente quieres…defínelo y deséalo!

¿Sabes qué es lo que realmente quieres? ¿Qué es aquello que te hace sentir vivo, ¿No lo sabes? ¿O más bien, no lo recuerdas? Lo has enterrado tan profundamente, que ya ni sabes qué es. ¿En qué momento renunciaste a ello? Y ¿por qué? ¿Porque creíste que era imposible? ¿Que no lo merecías? ¿Que no era importante? ¿Que ya era demasiado tarde? ¿O realmente nunca lo has sabido? ¿Qué es aquello que realmente quieres? Pregúntatelo una y mil veces, si es necesario. Haz una meta primordial en tu vida el saber qué es lo que quieres. Lo que realmente quieres, lo que quieres "tú" y nadie más que tú, no lo que quieren los demás, no lo que crees que debes de querer, porque es lo que los demás quieren. Esto es algo completamente personal y diferente para cada quien. Lo que hace feliz a uno, puede ser completamente indiferente para ti, o hacer infeliz a alguien más.

Proverbios 16:3 "**Pon en manos del Señor todas tus obras, y tus proyectos se cumplirán.**"

Y si eres de las pocas personas que sí saben lo que quieren realmente, pero has renunciado a ello, porque crees que es muy difícil, o imposible, o que no lo mereces, recuerda que esas ideas son sólo creencias, y que precisamente esas creencias limitantes son las que han evitado que lo logres.

1 Juan 4:16 "*Y nosotros hemos llegado a saber y creer que Dios nos ama. Dios es amor. El que permanece en amor, permanece en Dios, y Dios en él".*

12 Pasos para activar el emprendedor en ti.

...Secretos compartidos de un Real Ceo *By Claudia Liliana.*

El mayor impedimento para obtener lo que queremos en la vida, es el no saber qué queremos. ¿Cómo podemos conseguir algo si no sabemos qué es? ¿Cómo podemos saber qué camino tomar, si no sabemos a dónde queremos ir? Y esto es un problema muy común. Por increíble que parezca, la gran mayoría de las personas no saben lo que quieren, nunca lo han sabido, y se van de este mundo sin saberlo, o tal vez, sí lo saben, pero no se atreven a ir tras ello, a conseguirlo, a luchar por ello. O no lo saben porque tal vez nunca se lo han preguntado, o porque creen que ni tiene caso saberlo, ya que de todas maneras, nunca lo van a lograr. Y ésta es una de las razones por las que el mundo tiene tantos problemas. ¡Imagínate un mundo en el que todos tienen lo que realmente quieren!.

Salmos: 56-3. "Cuando siento miedo, pongo en ti mi confianza".

Para saber qué es lo que realmente quieres, tienes que ser muy honesto contigo mismo, y saber que si lo quieres, es posible. Pero vivimos tan ocupados en "ganarnos la vida" o enfocándonos en lo que no funciona en nuestra vida, en quejarnos, en sentirnos víctimas de todo y de todos, que pocas veces nos detenemos a pensar en qué es lo que realmente queremos. Nos dejamos confundir y manipular por los demás y por los medios, y andamos siempre persiguiendo los sueños de los demás. Y el andar persiguiendo los sueños de los demás no nos hace felices, no nos motiva, no nos da la inspiración necesaria para lograrlo

Josué 1:9 **"Ya te lo he ordenado: ¡Sé fuerte y valiente! ¡No tengas miedo ni te desanimes! Porque el Señor tu Dios te acompañará dondequiera que vayas".**

33

12 Pasos para activar el emprendedor en ti.

...Secretos compartidos de un Real Ceo *By Claudia Liliana.*

Secreto del Ceo:

Que hago si no se lo que quiero.

Autoanalizando el Emprendedor dormido

No es suficiente querer: Hay que desear.

Primero decide qué es lo que realmente quieres. Esto parece muy sencillo, pero estarás de acuerdo conmigo que en la práctica no lo es. La mayoría de las personas no lo sabe. Sí saben lo que no quieren, pero nunca se han puesto a pensar en lo que sí quieren. Si no sabes lo que realmente quieres, te aseguro que va a ser imposible que lo logres. Si el tiempo y el dinero no fueran un problema, ¿quién serías? ¿qué harías? ¿A qué dedicarías tu vida? ¿Qué harías aunque no te pagaran? ¿Cuál es el deseo de tu corazón? ¿Qué te hace sentir vivo? Lo que sea, no lo juzgues, ni te dejes influenciar por los demás. ¡Ve tras ello! ¡En este momento! ¿Qué estás esperando? ¿La aprobación de los demás? ¿Crees que ya es demasiado tarde?, ¿que es imposible? ¿Qué eres demasiado viejo? ¿O demasiado joven? ¿O que no tienes la preparación suficiente? ¿Te preocupan qué van a pensar los demás? Si quieres realmente vivir una vida extraordinaria para ti y activar el emprendedor que hay en ti, tienes que empezar por saber qué es lo que realmente quieres, y hacer a un lado todas esas ideas negativas que no te han llevado a ningún lado.

"También esto viene del Señor Todopoderoso, admirable por su consejo y magnífico por su sabiduría". Isaías 28:29

12 Pasos para activar el emprendedor en ti.

...Secretos compartidos de un Real Ceo *By Claudia Liliana.*

Secreto del Ceo No es Suficiente Querer, Hay que Desear.

Por otra parte, no bases tu decisión sobre lo que realmente quieres, sin ser realista sobre las limitaciones y circunstancias que percibes tener a tu alrededor, la mayoría de los programas de automotivación te piden que imagines Imagina que no hay limitaciones, que todo es posible, y al *motivarte sin ser realistas*, fracasamos al poco tiempo de empezar a querer una auto transformación. *Sé realista,* pero define qué quieres, y cuando lo sepas, toma alguna acción inmediata, aunque sea pequeña, que te lleve a obtener lo que quieres.

Y no te preocupes por el cómo lo vas a lograr, eso vendrá después. Tú sólo necesitas saber el "qué", en este momento no te preocupes por el "cómo". Cuando el "qué" es lo suficientemente fuerte, Jehova que controla el Universo será tu mejor aliado, y te ayudará a encontrar el "cómo". No te limites por tus creencias sobre lo que es posible y lo que no es posible. Si supieras que puedes tener lo que sea, ¿qué sería?

Crónicas 1:11 " **Entonces Dios le dijo a Salomón: Ya que ese ha sido tu deseo y no pediste ser rico ni famoso ni que matara a tus enemigos ni que te concediera una larga vida, sino sabiduría y conocimiento para gobernar a mi pueblo, de quien te hice rey".**

Te invito a que hagas un análisis de tu vida. Pregúntate: ¿Es ésta la vida que realmente quiero vivir? Si no es así, entonces define cómo es la vida que realmente quieres vivir, y decide ir tras ella.

12 Pasos para activar el emprendedor en ti.

...Secretos compartidos de un Real Ceo *By Claudia Liliana.*

Juan 4:14 "**Pero el que beba del agua que yo le daré, no volverá a tener sed jamás, sino que dentro de él esa agua se convertirá en un manantial del que brotará vida eterna**".

Secreto Del Ceo   El poder del deseo por emprender.

Si tuvieras que pasar el resto de tu vida haciendo lo mismo, ¿qué sería? Piensa en algo que te apasione, te aporte bienestar, te motive y haga que te sientas realizado. Piensa en algo por lo que merezca la pena despertarse en las mañanas, algo que haga que te sientas feliz y algo que sea lo suficientemente bueno como para poder vivir de ello el resto de tu vida. Cuando tengas ese algo, tendrás tu pasión. Pero si eres como la gran mayoría de las personas, lo más probable es que te resulte un tanto complicado encontrar cuál es esa pasión, el gran motor de tu vida, la razón que te permita pasar el resto de tus días haciendo lo que te gusta mientras ganas dinero por ello.

Porque hay pasiones que alimentan el alma, pero también necesitamos alimentar nuestros ingresos para poder vivir. Y lo mejor de todo es que tu pasión puede convertirse en tu forma de vida: tan solo tienes que completar las piezas del rompecabezas y dar con la manera de adaptar tu pasión a tu trabajo. Todos tenemos una **"gran pasión"**. Descubrirla, adaptarla a los tiempos que corren y convertirla en un estilo de vida puede ser el impulso que te falta para sentirte del todo realizado y tener la vida que siempre quisiste para ti.

Contéstate:

¿Vas a trabajar todos los días con una gran sonrisa?

¿Estás motivado en tus tareas?

12 Pasos para activar el emprendedor en ti.

...Secretos compartidos de un Real Ceo *By Claudia Liliana.*

¿Te sientes realizado en tu empleo?

¿Disfrutas de lo que haces?

¿O por el contrario te sientes triste, infeliz y desafortunado en tu trabajo?

Si sientes que estás corriendo sin parar en una rueda, si ves pasar los días y te encuentras en un camino sin salida, si sabes que tanto esfuerzo no te llevará a dónde quieres, si te sientes agobiado por la rutina y si el miedo al cambio te impide abrir los ojos, entonces deja que te diga que necesitas descubrir tu pasión. Pensarás que quizás no es fácil un cambio tan importante pero está en juego algo todavía más importante: **tu felicidad.**

No esperes a que sea tarde para darte cuenta de lo que en realidad te gusta. Hoy, más que nunca, tienes la oportunidad de dedicarte a lo que te apasiona, a aquello que amas. Entonces desearas lo que te apasiona, *¿Cuál es tu pasión?*

Pon en oración con nuestro padre celestial las preguntas siguientes y tú contéstalas:

1) ¿Mi vida está yendo cómo yo quiero o simplemente me estoy dejando arrastrar?

2) ¿Qué actividad estaría dispuesto a hacer día tras día aun sin recibir dinero a cambio?

3) ¿Qué actividad hace que pase el tiempo sin que ni siquiera me dé cuenta?

4) ¿Qué cosa haría el resto de mi vida si tuviera la oportunidad de elegir?

12 Pasos para activar el emprendedor en ti.

5) ¿Sobre qué tema leo mucho sin que me resulte tedioso o aburrido?

6) ¿Cuáles son mis libros favoritos?

7) ¿Elegiría de nuevo lo que ahora hago si tuviera la oportunidad de viajar en el tiempo?

¿Qué cambiaría?

8) ¿Qué hace que se dispare mi creatividad?

9) ¿Cuál es la tarea que desempeño con mucha facilidad y mejor que la media?

No te apures si no puedes contestar todas las preguntas ahora mismo: simplemente, dedica unos minutos todos los días a ellas, resérvate mucho tiempo para orar a Jehova y poco a poco las respuestas irán llegando.

A continuación, resuelve el siguiente cuestionario, detallaras 7 deseos que quieres en diferentes áreas de tu vida, Por ejemplo en área financiera quiero: Comprar Un bote, y así sucesivamente, el querer la misión y visión de un emprendedor es lo que le mueve a construir su compañía día a día. ¡Descubramos que quieres!

12 Pasos para activar el emprendedor en ti.

...Secretos compartidos de un Real Ceo *By Claudia Liliana.*

¿Qué es lo que quiero?

Se Proactivo.

En mi Vida Personal ¿Que Quiero? .

Proverbios 21:21 "El que va tras la justicia y el amor halla vida, prosperidad y honra"

1.-
_____

2.-
_____

3.-
_____

4.-
_____

5.-
_____

6.-
_____

7.-
_____

12 Pasos para activar el emprendedor en ti.

...Secretos compartidos de un Real Ceo *By Claudia Liliana.*

¿Qué es lo que quiero?

Se Proactivo.

En mi Vida Espiritual ¿Que Quiero?

Salmos 73:26 **"Podrán desfallecer mi cuerpo y mi espíritu, pero Dios fortalece mi corazón; él es mi herencia eterna".**

1.-
_____

2.-
_____

3.-
_____

4.-
_____

5.-
_____

6.-
_____

7.-
_____

12 Pasos para activar el emprendedor en ti.

...Secretos compartidos de un Real Ceo *By Claudia Liliana.*

"¿Qué es lo que quiero?

Se Proactivo.

En mi Vida Profesional ¿Que Quiero?

1.-
_____

2.-
_____

3.-
_____

4.-
_____

5.-
_____

6.-
_____

7.-
_____

12 Pasos para activar el emprendedor en ti.

...Secretos compartidos de un Real Ceo *By Claudia Liliana.*

¿Qué es lo que quiero?

Se Proactivo

En mi Situación Financiera ¿Que Quiero? Mis Deseos en Afirmaciones

Hebreos 12:14 "**Busquen la paz con todos, y la santidad, sin la cual nadie verá al Señor".**

1.-
_____

2.-
_____

3.-
_____

4.-
_____

5.-
_____

6.-
_____

7.-
_____

Conclusión:

Escoge de las listas anteriores las más importantes y las que son prioridad para ti   y ponlas en orden de prioridad en la siguiente lista. Ahora caminemos   con esa lista de lo que quieres, ¡Deseándolo! El Paso Tres ha sido dado, El Emprendedor que hemos activado en tí, se mueve por esos deseos cada Segundo de su vida. ¡Felicidades!

Todo mi amor en Cristo:

Claudia Liliana.

Paso 4: ¡Ahórrate El por qué equivocado!

Porque quiero Emprender, Definiendo el porqué de lo que quieres.

El paso número cuatro de los doce pasos para Activar el emprendedor en ti, es el motor que te impulsará a tu carrera de emprendedor, ahorrarse el por qué equivocado es, evitar el caer en la trampa de mover nuestro plan de negocios, nuestras ganas de ser emprendedor, el dejar nuestros trabajos y empezar la carrera de empresario por las razones ajenas a tus deseos. Hay ocasiones que las razones equivocadas determina una carrera emprendedora que en vez de ser una jornada de disfrute es una jornada de cargas y fracasos, por ello es importante que tengas menta abierta para autoanalizar tus porqués en tu decisión de ser emprendedor.

Marcos 10:27 " **Para los hombres es imposible —aclaró Jesús, mirándolos fijamente—, pero no para Dios; de hecho, para Dios todo es posible".**

Secretos del Ceo: Paradigmas Asesinos del Éxito.

¿Por qué hago lo que hago?

"Es más fácil desintegrar un átomo que un pre-concepto"

-Albert Einstein.

12 Pasos para activar el emprendedor en ti.

...Secretos compartidos de un Real Ceo *By Claudia Liliana.*

¿Por qué hago lo que hago?

Esta es una pregunta que muchas personas se han hecho alguna vez en la vida, comienzan a cuestionarse si podría hacerlo de otra manera y surge lo que se llama "paradigma". Quizás para muchos es un término nuevo, más sin embargo vivimos con muchos paradigmas.

Un paradigma es un modo de ver la realidad, que nos sirve de marco o modelo de referencia. Stephen Covey en su libro de Los 7 Hábitos dice que: "El modo en que vemos las cosas (paradigmas) es la fuente del modo en que pensamos y del modo en que actuamos. Todos pensamos que vemos las cosas como son, que somos objetivos, pero no es así. *vemos el mundo no como es, sino como somos nosotros"*. Es decir que *veo el mundo de acuerdo a como soy, o de acuerdo a lo que yo piense de mí.* ¿Qué pienso de mí? ¿Pienso que soy un ganador en la vida o un perdedor? De acuerdo a lo que yo piense de esa manera voy a actuar.

Lucas 18:27 **"Lo que es imposible para los hombres es posible para Dios —aclaró Jesús."**

12 Pasos para activar el emprendedor en ti.

…Secretos compartidos de un Real Ceo *By Claudia Liliana.*

Tenemos muchos paradigmas, inclusive hasta para relacionarnos con nuestro magnifico Jesús, que no nos permiten alcanzar nuestro potencial y mucho menos disfrutar la vida a plenitud.

Hace siglos se pensaba que la tierra era el centro del universo, que todo giraba alrededor de la tierra luego se descubrió que era al contrario que giraba alrededor del sol, éste es un paradigma científico, Otro ejemplo de Paradigma, es el Espiritual, un paradigma que se rompió era que para ser salvo había que ser bueno, religiosamente tenemos esa idea y Jesús quien es el más excelente maestro rompe el paradigma y le dice al ladrón que estaba a su izquierda que hoy estaría en el paraíso. ¡Para ser salvo solo hay que creer en Jesús quien es el camino, la verdad y la vida!

Mateo 5:26. **"Mirad las aves del cielo, que no siembran, ni siegan, ni recogen en graneros; y vuestro Padre celestial las alimenta. ¿No valéis vosotros mucho más que ellas? [27]¿Y quién de vosotros podrá, por mucho que se afane, añadir a su estatura un codo?"**

12 Pasos para activar el emprendedor en ti.

...Secretos compartidos de un Real Ceo *By Claudia Liliana.*

¿Cuáles son los paradigmas que tienes equivocados acerca de ti?

Algunos de los más comunes son: "No puedo cambiar", "No puedo lograrlo", "Funciona para otros pero no para mí", "Soy torpe", "Soy un fracaso"...

Hoy es un buen día para romper con los paradigmas equivocados que hay en tu vida. Tú puedes elegir cambiar hoy y comenzar de nuevo a vivir.

Mateo 18:20 "Porque donde dos o tres se reúnen en mi nombre, allí estoy yo en medio de ellos."

Hoy es tiempo de dejar de hacer las cosas porque siempre se han hecho así. Es tiempo de soltar lo viejo de tu vida que ha sido estorbo, como malos hábitos, malas costumbres, malos pensamientos acerca de ti. Es tiempo de vestirte de lo nuevo aprender buenos hábitos, desarrollar conducta ejemplar en el matrimonio, hogar, trabajo o negocio, es tiempo de vivir en libertad y no en esclavitud. Alguien dijo que para Dios fue más fácil libertar a su pueblo de la esclavitud de Egipto que de la esclavitud de sus mentes. ¿Cómo son tus pensamientos? Rompe con los paradigmas que hay en tu vida, Dios no hizo de ti un mono, Él te hizo a su imagen y semejanza. Él te hizo su Hermosa creación.

"Confía en el Señor de todo corazón, y en tu propia inteligencia. reconócelo en todos tus caminos, y él allanará tus sendas".
Proverbios 3:5-6

12 Pasos para activar el emprendedor en ti.

...Secretos compartidos de un Real Ceo *By Claudia Liliana.*

Secreto del Ceo: Sustituyendo tu porqué equivocado por tu porque acertivo.

Ahora, determinemos él **¿PORQUE? ¿cuál es tu porqué en el querer ser Emprendedor?,** Empecemos por definir el por qué equivocado, te pongo una lista a llenar para que escribas tus **Porqués equivocados** y los sustituyas en la columna que le sigue por los **Porqués Acertivos** , que son los que te darán el éxito en tu Carrera de Emprendedor.

Emprender Porque: *Quiero Dinero.*

Porqué Equivocado: *Para tener más que otros.*

Porqué Asertivo*:* *Para Construir una Generación y legacía de abundancia.*

El dinero vendrá como consecuencia. Resolver esta lista es muy importante para el Emprendedor que ya está siendo activado en ti, sin embargo el nivel de ética y honestidad debe ser un código de operar intachable en el mundo de los negocios para ti, porque de ello dependerá las relaciones y alianzas que logres , y puedes hacer millones de dólares pero con las alianzas sin ética y dando un mal servicio al cliente, al final no tendrás la reputación y satisfacción de éxito que esperabas en tu carrera de emprendedor, tus porqués, son la radiografía de tu firma personal en tu empresa o corporación, por ello yo me adentro día a día en la doctrina de Jesús, ello fortalece mi espíritu y aprendo de los Sabios, sería muy prepotente de mi parte cuestionar la credibilidad del libro escrito antes de la existencia de otros libros y doctrinas económicas y de negocios: La Biblia. Ahí están todos mis porqués asertivos como emprendedora.

"Pon en manos del Señor todas tus obras, y tus proyectos se cumplirán". Proverbios 16:3"

12 Pasos para activar el emprendedor en ti.

...Secretos compartidos de un Real Ceo *By Claudia Liliana.*

Definamos tus porqués equivocados y sustitúyelos por los **Porqués Asertivos.**

Porque 1 en mi Emprender.

Porqué Equivocado:

Sustituido ahora por mi Porqué Asertivo:

Porque 2 en mi Emprender.

Porqué Equivocado:

Sustituido ahora por mi Porqué Asertivo:

Porque 3 en mi Emprender.

Porqué Equivocado:

Sustituido ahora por mi Porqué Asertivo:

12 Pasos para activar el emprendedor en ti.

...Secretos compartidos de un Real Ceo *By Claudia Liliana.*

¿Difícil contestar la lista anterior? Entonces necesitamos profundizar un poco más en lo que te mueve en tu vida personal para que seas firme y lo transmitas a tu vida emprendedora.

Contesta en Voz Alta:

Si mi vida no tuviera límites, ¿qué haría?

Piensa en lo que harías **si no tuvieras límites**. Si tuvieras el dinero, los recursos, ¿dónde irías? ¿Qué harías con él? Y si tuvieras todo el tiempo del mundo, ¿Qué harías?

¿Cuáles son mis metas?

Las metas y los objetivos a seguir son un componente esencial para establecer qué queremos como emprendedores, así que responde a estas preguntas: ¿Cuáles son mis metas físicas (de salud)? ¿Cuáles son mis metas profesionales? ¿Cuáles son mis metas familiares? Una vez respondas a estas preguntas, tendrás una mejor idea de **qué quieres hacer** con tu vida.

¿Cuál es la persona a la que más admiro en el mundo?

Piensa en la persona que más admiras, ¿por qué la respetas tanto? ¿Cuáles son sus mejores cualidades? ¿Qué puedes aprender de ella? Eres el promedio de las 5 personas con las que más tiempo pasas, así que no malgastes el tiempo con personas que te impidan alcanzar tus metas. Pasa más tiempo con personas positivas, luchadoras y exitosas, entonces te convertirás en una de ellas.

12 Pasos para activar el emprendedor en ti.

...Secretos compartidos de un Real Ceo *By Claudia Liliana.*

¿Qué es lo que no me gusta hacer?

Una pregunta importante para saber qué quieres hacer con tu vida, es saber qué no quieres hacer. ¿Qué cosas no te gustan de tu trabajo? ¿Qué cosas no te gustan de tu día a día? Debes ser honesto contigo mismo y saber que si algo no te gusta, debes cambiarlo.

El tema es que, si quieres que algo cambie en tu vida, entonces debes **pasar a la acción**, debes actuar y no quedarte pasivo ante la vida; lo que nos lleva a la última pregunta.

¿Cuán dispuesto estoy a esforzarme en conseguir lo que quiero?

Los grandes éxitos no tocan a tu puerta, tienes que hacerlos llegar tú. Y si quieres conseguir grandes cosas en tu vida, debes hacer un gran esfuerzo. Esto significa salir de tu zona de confort, pasar más tiempo con aquéllas personas que he mencionado antes y estar dispuesto a aprender lo máximo para lograr ir más allá de lo que incluso tenías pensado.

De nuevo aquí entra el tema de que debes tomar acción si quieres recoger lo que empieces a cosechar hoy mismo si actúas ya, empieza sembrando.

Pero la mejor parte es: **"Es el viaje lo que en muchas ocasiones más nos gratifica"**.

12 Pasos para activar el emprendedor en ti.

...Secretos compartidos de un Real Ceo *By Claudia Liliana.*

Es durante el proceso de todos estos aparentemente pequeños momentos donde probablemente encuentres la respuesta a esa pregunta con la que emprendiste el camino: ¿qué quiero hacer con mi vida?

Claro que eso tú ya lo sabes, lo quieres y lo deseas: **¡ACTIVAR EL EMPRENDEDOR EN TI!.**
Felicidades ahora ya tienes los porqués asertivos, has activado el paso cuatro con éxito... ¡Celebra tu Triunfo!

**"No permitirá que tu pie resbale;
jamás duerme el que te cuida."**

Salmos 121:3

Todo mi amor en Cristo:

Claudia Liliana.

Paso 5: Visualiza Tu Éxito como una orden al universo.

Visualizando el éxito: una manera de llegar a nuestros objetivos

Partiendo de la convicción que existimos en un universo, que somos parte de la creación , que todo se mueve por energía, y que nada se destruye en la energía solo se transforma, así ordenemos al universo tu deseo de éxito, yo se lo pido en oración cada día a mi padre omnipotente, omnisciente, omnipresente Dios Jehová, él es el que mueve mi universo y toma mí deseo como una orden de mi misma a su obediencia , no es que lo ordene yo a él, por el contrario, bajo su cobertura de quererme estable, exitosa, respetada, amada, bendecida en abundancia y respetada en la comunidad empresarial, él me da las respuestas a mis oraciones a su tiempo perfecto, se las presento con una convicción determinante y una fe que mueve montañas, así tú tienes que ordenarle tu éxito como una orden al Universo, y créeme: ¡Funciona! .

La teoría de la visualización que consiste en hacer una foto mental de lo que tendrás, lo atrae, y todo el universo se confabula para ser cómplice de tu deseo, yo les llamo Ángeles, yo los recibo como ejércitos espirituales que mueven las cosas al favor de la voluntad de mi padre Dios Jehová quien sabe lo mejor para mí, y yo estoy alineada con él, trato día a día de no dejar de buscar su rostro, su corazón, lo que quiere para mí que es bendición, y sé que me lo concede, lo que no sucede, es porque no estoy preparada o no conviene a mi empresa, pero luego me da las respuestas o pone a las personas sabias y estratégicas para darme por qué y cómo de mi deseo o visión de proyecto de negocios o producto a lanzar al mercado, no solo eso, en si en todos los aspectos de mi vida, los visualizo, hago oración, traigo la foto mental a mi mente, en mi amor por mi hijo, mi vida personal, mi vida empresarial, mis libros, mi pasión por ayudar a otros.... Lo pongo en una foto mental y ¡Sucede! aunque parezca fantasía de novela de ciencia ficción, es cierto, permíteme guiarte a activar esta herramienta:

VISUALIZA TU ÉXITO COMO UNA ORDEN AL UNIVERSO.

12 Pasos para activar el emprendedor en ti.

...Secretos compartidos de un Real Ceo *By Claudia Liliana.*

"Por eso les digo: Crean que ya han recibido todo lo que estén pidiendo en oración, y lo obtendrán." Marcos 11:24

Secreto del Ceo: Visualizando lo que quieres, eres y emprendes.

Todos tenemos sueños, y en ocasiones parece que hasta despierto tenemos esos pequeños lapsos de sueños que son tan reales como la vida misma. Se puede decir que estamos visualizando un futuro o una situación deseable, ya sea en el trabajo, en el deporte, en la relaciones, en ese viaje, nos vemos realizando lo que queremos, y hace sentir bien a nuestro cuerpo le embarga una sensación de energía y vitalidad hacía la consecución de ese sueño o meta a conseguir.

1 Juan 5:4 **"Porque todo el que ha nacido de Dios vence al mundo. Ésta es la victoria que vence al mundo: nuestra fe".**

Y si te dijera, que eso que hacemos en ocasiones de manera inconsciente nos ayuda a empezar y lograr los éxitos que queremos. Solo necesitamos un poco de concentración y de imaginación para desarrollar una práctica mental que facilite y nos motive en el camino hacia esos objetivos. Hablamos de la **técnica de la visualización.**

Una de las razones por las que la visualización es tan efectiva es porque el cerebro no distingue la diferencia entre un evento real y una visualización realmente vivida por él. Utilizar la técnica de la visualización adecuadamente permite que el cuerpo alcance realmente su meta final sin haber llevado a cabo el proceso, permitiendo a la mente y el cuerpo aprender de una forma mucho más rápida.

12 Pasos para activar el emprendedor en ti.

...Secretos compartidos de un Real Ceo *By Claudia Liliana.*

Por ello, si nos visualizamos consiguiendo nuestras metas, esa imagen vivida centra la atención en el éxito, y no en el fracaso, pues si nos anclamos a imaginarnos en cómo vamos a hacer las cosas mal,   existen muchas probabilidades de que ese fracaso sea una realidad. Y por supuesto, queremos lo contrario, de ahí la frase *"tu mente puede ser tu mejor amiga, o tu peor enemiga"*, eso lo sabemos ya y está controlado, el primer paso ha sido en este programa: Controlar al controlador: Tu mente, y la haz hecho aliada para tener éxito, ahora la técnica de la visualización te ayudara a darle la orden al universo de lo que quieres.

"El Eterno peleará por vosotros, y vosotros estaréis quietos" (Éxodo 14:14).

Secreto Del Ceo: Una Visualización Efectiva.

Considera los siguientes beneficios de lograr una visualización Efectiva:

* Conseguir un estado de paz al saber que tienes lo deseado ya ahí en tu mente, que solo nuestro creador Jehova nos puede dar.

*Visualizar lo que quieres conseguir, ser, hacer o tener. Pidiéndole a él nuestro padre celestial, que te dé su visión y que siempre te sucederá lo que es mejor para ti

*Elegir la destreza o habilidad sobre la cual trabajar.

*Imaginar el lugar donde se desarrollará la actividad.

*Mantener la mente en el presente, para ello se debe tener muy claro el foco de atención y mantener la mente concentrada y en silencio.

12 Pasos para activar el emprendedor en ti.

...Secretos compartidos de un Real Ceo *By Claudia Liliana.*

*Mejora la percepción global de la situación, como por ejemplo diciendo: *Observa lo que ves, escucha lo que dices, siente cada palabra que dices, visualiza cada palabra, siente el poder de poseer esa imagen.*

*Ahora ejecuta: corta revistas con la representación de las imágenes de éxito que estas Visualizando o que tu escojas, solo que sea un lugar con el que te encuentres día a día.

Hebreos 11:1 "La fe es la certeza de lo que se espera, la convicción de lo que no se ve".

Ahora hay que monitorear tus órdenes del universo y verlas suceder, además hoy crearás tu tabla de éxito mediante la visualización, y lo pondrás físicamente en un lugar donde lo veas todos los días, y podrás adherir tus fotos y recortes de revista, y le darás una orden al universo de que esa visualización de éxito es tu más grande deseo, El padre te oirá y enviará todo a tu favor, pero no te quedes congelado esperando que todo se haga solo, haz tu parte y sé proactivo, si le ordenas al universo visualizando una oportunidad para tener una propiedad de bienes raíces para inversión y la ordenas al universo 10 días seguidos, la visualizas, la recortas de revistas, la pegas en tu pizarrón y te llega un cliente que quiere vender su casa a muy bajo precio , y tú dices ¡NO GRACIAS, EL UNIVERSO ME LO DARÁ, MI PADRE DIOS ME LO DARÁ, él ya sabe! NO SEAMOS INGENUOS O NECIOS, Dios nos mandó las circunstancias, oportunidades, decisiones a tomar para llegar a tu deseo, así el universo, no pienses que hay magia, tú tienes mucho que hacer para tomar las oportunidades que pides, no hay precio más caro que pagar que el de no ser sabios en las decisiones de responder a oportunidades pedidas. Cuando la oración es contestada, y no tomamos lo que se nos manda, clamamos enojados preguntando ¿porque no me has contestado o dado lo que quiero Dios? Si ya le ordene al Universo lo que deseo ¿y no pasa nada? Todo es silencio....

12 Pasos para activar el emprendedor en ti.

...Secretos compartidos de un Real Ceo *By Claudia Liliana.*

Créeme que es mejor guardar silencio, hablar menos y actuar: Porque el Universo ya tiene tu *Visualización de éxito como una orden,* y el que controla el universo Jehová Dios, te lo enviará y es mejor que estés atento, que no se te pase de largo.

"Porque un momento durará su furor; más en su voluntad está la vida: Por la noche durará el lloro, pero a la mañana vendrá la alegría" (Salmos 30:5).

Es importante señalar que no es necesaria una larga lista, solo tu lista personal. Felicidades ahora ya **visualizaste tu éxito como una orden al Universo, has activado el paso cinco con éxito**... ¡Celebra tu Triunfo!

Todo mi amor en Cristo:

Claudia Liliana.

Paso 6: Elabora tu Propio Plan de Felicidad.

El Kindergarden para el plan de negocios.

Un Plan de Negocios es un Plan de felicidad que dará: Ganancias, ¿cuál es tu plan de felicidad que te dará: Éxito? El ser humano en ti lo debe determinar.

Ahora discutamos lo importante que es que conozcas en tener un proyecto de vida, así como una guía paso a paso sobre cómo elaborar el tuyo (si es que aún no lo tienes) o para revisarlo y mejorarlo si es que ya cuentas con él.

Hasta el momento has contestado las razones y porqués más difíciles de descifrar en todo emprendedor o Ser humano, desde el definir tu Identidad, ¡sabes quién eres! sabes tus razones asertivas y tus porqués de este emprendedor en ti que estamos Activando, sabes ya que tu mente es tu total aliada para el éxito en esta jornada, le has dado una orden al universo de tu éxito mediante la visualización, ahora, estamos listos para ¡NUESTRO PLAN DE VIDA! Porque el emprender, ¡es para toda una vida! , ¿Cuál es tu plan de vida?

"Antes, en todas estas cosas somos más que vencedores por medio de aquél que nos amó" (Romanos 8:37).

12 Pasos para activar el emprendedor en ti.

...Secretos compartidos de un Real Ceo *By Claudia Liliana.*

Secreto del Ceo:

Plan de Negocios + Plan de Vida = Plan de Felicidad.

¿Por qué es importante elaborar y mantener un proyecto de vida?

Es importante que desde edades tempranas las personas vayamos diseñando tanto nuestro presente como nuestro futuro en base a las características que nos gustaría que ambos intervalos temporales tengan, porque de esa manera estaremos más protegidos de caer en conductas y situaciones que nos ponen en riesgo en etapas de vida críticas.

El tener un proyecto de vida temprano también nos permite aprovechar todos los recursos que la vida nos va ofreciendo en el camino y que eventualmente nos ayudarían a llegar más fácilmente a nuestras metas establecidas, si no tenemos claro dicho proyecto difícilmente seremos capaces de identificar esos recursos y lo más seguro es que como no los valoremos los perdamos. Un proyecto de vida nos da lineamientos claros y racionales de comportamiento, además de estrategias de organización, planeación y toma de decisiones que nos serán útiles tanto en el presente como en el futuro, lo que a su vez traerá como beneficio secundario entrenarnos y hacernos cada vez mejores en los procesos de visualización, análisis, planificación, organización, elección y toma de decisiones que podremos aplicar para mejorar todos los ámbitos de nuestra jornada como emprendedores de forma presente y futura.

Nuestro proyecto de vida podría asemejarse a una obra de arte que nunca estará del todo terminada y a la que continuamente le podremos agregar, quitar o modificar elementos que lo vayan enriqueciendo, mejorando, clarificando y haciéndole más hermoso cada vez.

12 Pasos para activar el emprendedor en ti.

...Secretos compartidos de un Real Ceo *By Claudia Liliana.*

Un proyecto de vida es útil por muchas razones, pero quizás la más importante sea porque le da sentido a nuestra existencia y nos permite tener siempre anhelos, metas, deseos, motivos y razones para seguir viviendo y para trascender las dificultades que nos presenta el mundo cotidianamente.

"De manera que podemos decir confiadamente: El Señor es mi ayudador" (Hebreos 13:6).

Secreto del Ceo: Metas, Acciones y Tiempos = El Emprender con un Plan.

¿Plan o Proyecto de vida? El proyecto de vida abarca mucho más que un simple plan de vida, ya que un "plan" puede plantearse de manera poco específica, muy general y hasta fantasiosa; mientras que un "proyecto" debe incluir siempre de manera explícita, realista, jerárquica y organizada lo siguiente: **La meta** a la que se pretende llegar. **Las acciones** a llevar a cabo. **Los tiempos** que tomará llevar a cabo cada acción .Los instrumentos, habilidades, conocimientos, circunstancias y logística a seguir que se requerirán para alcanzar la meta propuesta .Las posibles dificultades que se anticipa que pudieran presentarse en el curso del proyecto así como las posibles soluciones que se proponen para contrarrestar los efectos de dichos contratiempos.

¿Qué ámbitos debe incluir un proyecto de vida?

Un   proyecto de vida debe incluir TODOS los ámbitos de la existencia porque el ser humano no es sólo un ente que trabaja, estudia, socializa o se divierte, sino un SER integral que se conforma por diversas esferas complementarias entre sí como las siguientes:

-Física, nutricional, familiar, pareja, social, recreacional, educativa aprendizajes, laboral (incluye todo lo relacionado con las actividades que permiten subsistir y obtener recursos necesarios)   cultural (incluye todo lo relacionado con los conocimientos, experiencias, vivencias, aprendizajes, intelectualidad y estrategias que van conformando nuestro repertorio cognitivo y que tiende a hacerse cada vez más amplio gracias a nuestras vivencias tanto cotidianas como extraordinarias)

-Espiritual (incluye todo lo opuesto a   lo material, corporal o exterior que conforma al ser humano: sus valores, su religiosidad, sus reflexiones, el sentido que le da a su existencia) y al ser cristianos, todo es por el espíritu.

"Porque Él conoce nuestra condición; se acuerda que somos polvo" Salmos 103:14.

12 Pasos para activar el emprendedor en ti.

...Secretos compartidos de un Real Ceo *By Claudia Liliana.*

Algunos emprendedores se han propuesto metas y objetivos irrealistas para acabar abandonándolo todo al poco tiempo, sintiéndose culpables, y pensando que no tienen voluntad y que son incapaces de hacer lo que se proponen.

Pero no era así, aunque es algo muy frecuente que nos pasa a todos, la realidad es que tú no tienes ningún problema, y eres perfectamente capaz de acabar lo que te propones.

El problema no eres tú sino los métodos que utilizas, algunas de las razones que hacen que te resulte difícil lograr algunos de tus objetivos y metas son el no tener un punto de partida para tu propio plan de felicidad, pero las buenas noticias las tendrás a continuación, veamos como desarrollara tu propio plan de felicidad el emprendedor que estamos activando en ti.

"Tú guardarás en completa paz, a aquel cuyo pensamiento en ti persevera; porque en ti ha confiado"

Isaías 26:3.

12 Pasos para activar el emprendedor en ti.

...Secretos compartidos de un Real Ceo *By Claudia Liliana.*

Desarrollando tu ¡**PLAN DE FELICIDAD!**

1.- El punto de partida: Mi situación Actual.

2.- Mis fortalezas:

3.-Mis debilidades:

4.- Autobiografía:

5.- ¿Cuáles han sido los acontecimientos que han influido en forma decisiva en lo que soy ahora?

6.- ¿Cuáles han sido en mi vida los principales éxitos y fracasos?

7.- ¿Cuáles han sido mis decisiones más significativas? Para hacer tu plan de felicidad, debes conocer también tus áreas fuertes para sacarles todo el provecho,   trabajemos ahora en todos tus talentos sobre tus **Rasgos de personalidad**, a continuación enumera lo mejor de ti. Enuncie 5 aspectos que más te gustan de ti mismo en las áreas:

Personal/Emocional/Espiritual._____
_____
_____
_____
_____.

Profesión/Trabajo/Finanzas:_____
_____
_____
_____
_____.

12 Pasos para activar el emprendedor en ti.

…Secretos compartidos de un Real Ceo *By Claudia Liliana.*

¿Cuáles son mis
sueños? _____
_____
_____
_____.

 ¿Cuáles son las realidades que favorecen mis
sueños? _____
_____
_____
_____
_____.

¿Cómo puedo superar los impedimentos que la realidad me
plantea para realizar mis sueños? :
_____
_____
_____
_____

 ¿Quién seré? Si decido convertir mis sueños en
realidad _____
_____
_____
_____
_____
_____
_____
_____
_____
_____
_____
_____.

12 Pasos para activar el emprendedor en ti.

...Secretos compartidos de un Real Ceo *By Claudia Liliana.*

Tesis Final para mi Plan de Felicidad.

"Pedid, y se os dará; buscad, y hallaréis; llamad, y se os abrirá" (Mateo 7:7).

1.- El propósito de mi vida es:

2. Analizo mi realidad para realizar el plan de acción:

¿Cuál es mi realidad?

¿Qué tengo?

¿Qué necesito?

¿Qué puedo hacer?

¿Qué voy a hacer?

Juan 8:12 "Jesús les habló otra vez, diciendo: Yo soy la luz del mundo; el que me sigue no andará en tinieblas, sino que tendrá la luz de la vida". Felicidades, *has activado el paso seis, ¡ya tienes tu plan de Felicidad y de vida que te da la firmeza de poder crear un Plan de negocios*, que te hará exitoso como emprendedor. Estas a la mitad de esta jornada de ¡Activar el Emprendedor en TI! ¡Estoy muy Orgullosa de ti! ¡Celebremos tus éxitos!

Todo mi amor en Cristo:

Claudia Liliana.

Paso 7: Ponle Tiempo de Entrega a tu Éxito

¿Cuándo? Define la ejecución del éxito.

Tanto por hacer y tan poco tiempo, la frase común en hoy es: "Ojalá tuviera más tiempo". ¿Te identificas con alguna de ellas? Es muy posible que sí y es algo absolutamente normal. Tener un problema con "el tiempo" nos presenta dificultades para completar todas nuestras obligaciones diarias. Tareas, reuniones y citas profesionales se mezclan con los compromisos sociales, actividades personales, vida familiar y tiempo libre. Hoy en día es muy común suspirar por un día de 25 o 30 horas... porque las 24 horas que todos tenemos parecen insuficientes para todo lo que tenemos que hacer. ¿Insuficientes? La verdad es que no, no lo son. Lo cierto es que no es un problema del "tiempo" o de "gestión del tiempo" **sino el problema SOMOS NOSOTROS MISMOS, QUE NO INVERTIMOS EL VALIOSO TIEMPO EN LO QUE ES IMPORTANTE y el tiempo, desafortunadamente no regresa.**

Eclesiastés 3:1 "Todo tiene su tiempo, y todo lo que se quiere debajo del cielo tiene su hora.[2] Tiempo de nacer, y tiempo de morir; tiempo de plantar, y tiempo de arrancar lo plantado; [6] tiempo de buscar, y tiempo de perder; tiempo de guardar, y tiempo de desechar;[7] tiempo de romper, y tiempo de coser; tiempo de callar, y tiempo de hablar;[9] ¿Qué provecho tiene el que trabaja, de aquello en que se afana?".

Ahora estamos entrando a los pasos de acción, y tu como emprendedor tienes que hacer del tiempo tu mejor aliado, no tu enemigo, mentalizarte que de ahora en adelante tienes conocimiento de que el tiempo tiene un precio y puede cobrarnos la factura de invertirlo mal o darnos grandes recompensas al controlarlo nosotros mismos y darle tiempo de entrega a lo que nos proponemos.

12 Pasos para activar el emprendedor en ti.

...Secretos compartidos de un Real Ceo *By Claudia Liliana.*

Créeme que *el tiempo de entrega* es un término que como emprendedor debes poner especial atención, en cómo invertimos el tiempo, qué hacemos, las horas que estamos trabajando o descansando.

El principal factor para el mal uso del tiempo son: "Los malos hábitos", Malos hábitos que adquirimos hace muchos años o bien recientemente, que están bien arraigados en nosotros y que condicionan — para mal— nuestras decisiones.

Esos malos hábitos hacen que naufraguemos y tengamos la sensación de que no nos llegan las horas del día. Malos hábitos que nos dominan. Para simplificarlos, ejemplificarlos y explicarlos mejor vamos a rebautizar a esos "*malos hábitos*" como "***ladrones del tiempo***".

1 Reyes 4:29
"Dios dio a Salomón sabiduría, gran discernimiento y amplitud de corazón como la arena que está a la orilla del mar."

Secreto del Ceo: Ladrones del tiempo.

Hay muchos ladrones del tiempo pero algunos son mucho más peligrosos y están más arraigados que otros. La mayoría de nosotros caemos y sufrimos de algunos de los siguientes:

1.-Interrupciones.

2.- Improvisación.

3.- Inadecuada administración del tiempo.

Santiago1:5
"Pero si alguno de vosotros se ve falto de sabiduría, que *la* pida a Dios, el cual da a todos abundantemente y sin reproche, y le será dada"

12 Pasos para activar el emprendedor en ti.

...Secretos compartidos de un Real Ceo *By Claudia Liliana.*

Las interrupciones son posiblemente uno de los enemigos más feroces de la productividad y tienen un impacto colosal en tu rendimiento diario. El problema se agrava todavía más cuando caemos en la auto justificación de nuestro error, nos damos por vencidos y ya no hacemos nada por evitarlas o combatirlas. Aceptamos sumisamente que van a llegar y les abrimos la puerta a las interrupciones incluso las invitamos a nuestro valioso tiempo aun cuando tenga que entregar los próximos 30 minutos un importante proyecto.

Cada vez que se produce una interrupción puedes llegar a tardar hasta 10 minutos en recobrar completamente la concentración. Una mínima interrupción, un mensaje de texto, un inocente comentario de un compañero en tu productividad se paga muy caro. Las interrupciones te impiden trabajar de forma continua y eficaz , obligándote a trabajar y parar, a trabajar y parar, a trabajar y parar.

En lugar de tener "días de trabajo" sólo logramos tener "momentos de trabajo". Es alarmante como tenemos trabajando de cinco, diez o quince minutos hasta que llega la próxima interrupción, Las interrupciones rompen tu ritmo de trabajo, intensidad y concentración. Constantemente obligan a tu mente a recalibrarse y esforzarse para volver a la tarea en la que te encontrabas, lo cual es devastador para la productividad de cualquier Proyecto del Emprendedor.

"Bienaventurado el hombre que halla la sabiduría, Y que obtiene la inteligencia" Proverbios 3:13

Otro obstáculo para cumplir tu tiempo de entrega es :

La improvisación, sabemos que el planificar supone el conocer, prepararse, avanzar, anticipar y flexibilizar tu día a día. Quien planifica bien sus tareas conoce el terreno que pisa, identifica mejor la importancia, lo que no es urgencia en las tareas

12 Pasos para activar el emprendedor en ti.

…Secretos compartidos de un Real Ceo *By Claudia Liliana.*

y está más preparado para encarar los imprevistos, crisis, problemas y encargos de última hora. Por el contrario, la Improvisación o la no-planificación a la hora de hacer las tareas es un importante ladrón que nos impide avanzar más y mejor. Hay un abismo entre ser un improvisador nato que hace las tareas según vienen, a venga lo que tenga el día , contra el ser obsesivo de la planificación que pretende ilusoriamente que cada tarea esté perfectamente programada y proyectada. El primero vivirá en un constante estado de estrés y el segundo estará instalado en la insatisfacción porque los imprevistos nunca le dejarán cumplir su plan. Para empezar a tomar el control de las tareas diarias es totalmente imprescindible empezar a relacionarnos de otro modo con ellas. No basta con anotar las tareas en una lista e ir tachándolas como si fuera la lista de la compra y nosotros estuviéramos en un supermercado. Es darle prioridades algo que quieres lograr de objetivos, por ello, es importante que le pongas tiempo de entrega a tu convicción que seas emprendedor. Si no tengo idea que venderé, cuanto cobrare, cuáles son   las proyecciones financieras que tendré, te sugiero que tomes **la certificación De Negocios** en una de mis corporaciones, Quality Training Tutors LLC , tómala en línea aquí mismo en Emprendedor Latino 360 y tendrás una guía para desarrollar el plan de negocios de tu empresa, negocio e idea de innovación, no improvises, porque los resultados de la improvisación son tiempo perdido y poca calidad de en el resultado de tus objetivos como emprendedor . www.latinentrepreneur360.com

Salmos 90:12 **"Enséñanos a contar bien nuestros días, para que nuestro corazón adquiera sabiduría".**

Para erradicar un problema hay que detectarlo, a continuación escribe una lista de las interrupciones más frecuentes en las diferentes áreas de tu vida, porque esto no solo sucede en el trabajo, si no también en el área personal y espiritual, eso te desbalancea y un emprendedor exitoso debe tener un control del manejo del tiempo con calidad e inteligencia

12 Pasos para activar el emprendedor en ti.

...Secretos compartidos de un Real Ceo *By Claudia Liliana.*

Enumera las Interrupciones más comunes en tu trabajo.

Enumera Situaciones donde eliminaras la improvisación en tu vida.

Enumera acciones que harás para erradicarlos.

Llevaras una Agenda Desde Ahora mismo.

Felicidades, ahora ya tienes control de un aliado muy importante que esta de tu lado para el éxito: **el tiempo**, ya tienes la fecha y tiempo de entrega de lo que harás; déjame darte un último consejo sobre este importante punto que es el tiempo de entrega en los proyectos, no siempre saldrán a la perfección porque no controlamos el exterior, pero si hemos hecho todo lo que está de nuestra parte en investigar, prepararnos, darle punto de partida a lo que queremos y lo más importante ya sabemos que la cuenta regresiva ha empezado para celebrar nuestros Triunfos, felicidades, has hecho un excelente paso, celebra tu éxito, todo se lo debemos de encomendar a Dios, él tiene el total control.

Ahora, el séptimo paso ha sido dado, vas firme para el éxito, le has dado un comando   al tiempo y de ahora en adelante solo éxito. **FELICIDADES.**

Todo mi amor en Cristo:

Claudia Liliana.

Paso 8: ¡Haz que suceda!

Lo que Activa el Ser Proactivo: Haces que Suceda el Éxito.

Proactividad.

Ahora, el paso ocho de este determinante camino de activar el emprendedor en ti, es **hacer que suceda**, para ello quiero subrayar un término de suma importancia y no solo por definición si no por acción, me refiero al concepto de proactividad. La **proactividad** es una actitud en la que el sujeto u organización asume el pleno control de su conducta de modo activo, lo que implica la toma de iniciativa en el desarrollo de acciones creativas y audaces para generar mejoras, haciendo prevalecer la libertad de elección sobre las circunstancias del contexto. La proactividad no significa sólo tomar la iniciativa, sino asumir la responsabilidad de hacer que las cosas sucedan; decidir en cada momento lo que queremos hacer y cómo lo vamos a hacer.

"En cambio, la sabiduría que desciende del cielo es ante todo pura, y además pacífica, bondadosa, dócil, llena de compasión y de buenos frutos, imparcial y sincera." Santiago 3:17

12 Pasos para activar el emprendedor en ti.

...Secretos compartidos de un Real Ceo *By Claudia Liliana.*

Secreto del Ceo: Concepto científico de proactividad.

El término proactividad lo acuñó el neurólogo y psiquiatra   austriaco Víctor Frankl, que sobrevivió a los campos de concentración nazis, en su libro: *El hombre en busca de sentido* (1946)*; años después el término se popularizaría en muchos libros de autoayuda, desarrollo personal y empresarial gracias al best-seller *"Los siete hábitos de las personas altamente efectivas"* del autor Stephen R. Covey.

Las personas proactivas: Se mueven por valores cuidadosamente meditados y seleccionados, pueden pasar muchas cosas a su alrededor pero son dueñas de cómo quieren reaccionar ante esos estímulos. Centran sus esfuerzos en su círculo de influencia positivo, se dedican a aquellas cosas con respecto a las cuales pueden hacer algo. Su energía es positiva, con lo cual amplían su círculo de influencia.

Secreto del Ceo: Cualidades del Emprendedor proactivo.

Responsabilidad ante su vida.

Antepone los valores a sus sentimientos.

Son tan felices como ellos quieren.

Autorregulación.

Responsabilidad para cumplir metas y objetivos.

12 Pasos para activar el emprendedor en ti.

...Secretos compartidos de un Real Ceo *By Claudia Liliana.*

Secreto del Ceo: Proactivo VS Impulsivo.

Errónea concepción de Proactividad para el Emprendedor.

La proactividad no tiene nada que ver con el activismo o la hiperactividad. Ser proactivo no significa actuar de prisa, de forma caótica y desorganizada, dejándose llevar por los impulsos del momento. Las personas que tienen el hábito de la proactividad no son agresivas, arrogantes, insensibles o torpes como cuando se defienden algunos tópicos, sino que se mueven por valores, saben lo que necesitan y actúan en consecuencia. El concepto opuesto de proactividad se le denomina reactividad, (reactividades-reactivaciones) o tomar una actitud pasiva y ser sujeto de las circunstancias y por ende, de los problemas. La definición extendida por **Stephen R. Covey dice que la conducta individual es función de las decisiones propias y no de las condiciones.**

"¿Quién es sabio y entendido entre ustedes? Que lo demuestre con su buena conducta, mediante obras hechas con la humildad que le da su sabiduría."Santiago 3:13

Por ello, *Se Proactivo, "Cásate con la proactividad".* De entre todas las cosas que tenemos a nuestro alrededor, ni siquiera una surgió nunca de la pasividad de alguien. ¿Ves valor en poder disfrutar de tu libro preferido? poder tener toda la información del mundo en un teléfono inteligente, Absolutamente todas las cosas que disfrutamos a diario han salido de la acción de una persona que tuvo una idea y decidió convertirla en algo. Solo disfrutamos de comodidades porque alguien un día decidió actuar. Desde que esa persona tuvo la idea hasta que tú disfrutaste de ella el proceso pasó por dos fases: *la fase-nada y la fase-algo*, o lo que es lo mismo, la fase-cero y la fase-uno. La idea y su planificación son importantes, pero ambas son parte de la fase-nada.

12 Pasos para activar el emprendedor en ti.

...Secretos compartidos de un Real Ceo *By Claudia Liliana.*

Mientras ideas, piensas y planificas todavía no tienes nada, son el paso previo a algo, pero todavía no son nada. El tesoro no está en las ideas: **El 90% de las ideas nunca pasan de eso, serán solo ideas.**

El tesoro está en la minúscula fracción de todas ellas que acaba convirtiéndose en algo. El mundo no lo mueven las personas con ideas, ya que todos las tienen. El mundo lo mueven los pocos dispuestos a hacer algo con ellas. La verdad está en la acción.

"En fin, el fruto de la justicia se siembra en paz para los que hacen la paz". Santiago

No acumules información para almacenarla. Haz algo con ella, si has ido a clase de conducción, conduce. Si has leído un libro de buceo, bucea, si te has matriculado a un curso para hablar un idioma, háblalo, si estás leyendo este libro para activar el Emprendedor que hay en ti *actívalo*. La acción da vida al aprendizaje y es la que conduce a la comprensión y a la asimilación de la información. Las acciones tienen la fuerza. Pero también tienen el poder de confirmar o desmentir palabras. Cuando las palabras de alguien están siendo cuestionadas, son las acciones las que demuestran su credibilidad: Sé un Emprendedor integro con Credibilidad:

"Más vale ser paciente que valiente; más vale dominarse a sí mismo que conquistar ciudades."
Proverbios 16:32

12 Pasos para activar el emprendedor en ti.

...Secretos compartidos de un Real Ceo *By Claudia Liliana.*

Secreto del Ceo: Predica con hechos lo que dices con palabras.

Si las palabras y las obras se contradicen, quédate con las Obras, ¡Haz lo que dices que harás!

El motivo por el que la acción es determinante para el éxito es debido a que combate lo etéreo, es lo real y tangible. La acción es lo que pone en marcha la bola de nieve y la chispa que produce el mayor de los fuegos. Si existe una cuenta kilómetros del camino hacia el éxito, durante la fase-cero no se mueve. Solo se activa con el primer paso, te da algo concreto con lo que trabajar, algo concreto que mejorar. Si quieres poner un proyecto en marcha, da pasos diferentes hoy para ello, si quieres montar un negocio, empieza. Si quieres fundar una organización, iglesia, ministerio, programa de radio, no pierdas más tiempo. Da al menos un paso hoy mismo. Siempre hay al menos un paso que puedas dar ahora mismo. Hazlo.

"El Señor cumplirá en mí su propósito.
Tu gran amor, Señor, perdura para siempre
¡no abandones la obra de tus manos!" Salmos 138:8

12 Pasos para activar el emprendedor en ti.

...Secretos compartidos de un Real Ceo *By Claudia Liliana.*

Secreto del Ceo: De Ideas están Llenos los Soñadores.

De acciones son formados los Emprendedores.

Puedes pasarte años dando vueltas y vueltas a la idea de emprender, pero la convicción y entusiasmo solo se desencadena con el primer paso, cuando ya puedas decir que has hecho algo. El primer paso no es para analizar la situación si no para analizar la calidad. ¿Adivinas cuál es el mayor enemigo de la acción? La perfección. Es ella la que nos hace alargar la fase-nada, creyendo que al alargarla el proyecto mejora. Esto es erróneo porque no se puede mejorar algo que no existe, la fase cero no produce, así que atraviesa lo más rápido posible la fase nada y ponte cuanto antes con la fase-algo.

La acción tiene la capacidad de transformar tu manera de pensar, de ver, de palpar, de entender, de asimilar y de interactuar. La acción te tranquiliza porque elimina tus miedos, te desbloquea porque te inicia en un camino, te acerca a tu objetivo porque te pone en movimiento, y te da optimismo porque convierte los sueños de la fase-cero en resultados reales durante la fase-uno, y el aumento de resultados aumenta la motivación.

Lo que hace diferentes a los que cambian el mundo de los que no, no son las ganas, tampoco las ideas. Son: "Las acciones".

12 Pasos para activar el emprendedor en ti.

...Secretos compartidos de un Real Ceo *By Claudia Liliana.*

Se Proactivo. Cualidades de una persona proactiva:

a).-Responsabilidad ante su vida. Enumera 10 acciones que te permiten tener el control de tu vida, o las que planeas tener.

Se Proactivo. Cualidades de una persona proactiva:

b).-Antepone sus valores a sus sentimientos:

Enumera 10   Valores que se anteponen a tus sentimientos de forma Positiva y constructiva.

Se Proactivo. Cualidades de una persona proactiva:

c).- Son tan felices como ellos quieren
Enumera 10   acciones que te permiten ser tan feliz como tú deseas, si no las tienes, cuáles serán las que te harán feliz.

Se Proactivo. Cualidades de una persona Proactiva:

d).-Asumen la responsabilidad de cumplir metas.
Enumera 10   acciones que   te responsabilizan a cumplir metas.

CONCLUSION:

Siendo proactivo, el paso ocho ha sido dado, felicidades, por el Emprendedor que hemos activado en ti. Felicidades: se Proactivo.

Todo mi amor en Cristo:

Claudia Liliana.

Paso 9: Escríbele   un Memorándum Formal al Éxito.

Las personas más exitosas en este mundo mantienen y dominan los buenos hábitos de comunicar por escrito lo que desean, lo que harán y lo que ejecutarán.

Saben lo que deben hacer todos los días y que su energía debe estar dirigida hacia lo que de verdad importa cuando se trata de alcanzar sus metas.

Las malas noticias son que la mayoría de la gente no tiene buenos hábitos de poner sus objetivos por escrito.

Las buenas noticias son que   puedes cambiar gradualmente esto alterando lo que haces diariamente. Para alcanzar altos niveles de éxito debes comenzar a desarrollar hábitos de los más exitosos en *escribirle un memorándum formal al éxito.*   Como secretos de Ceo te comparto cuatro hábitos que te ayudaran a maximizar los resultados.

"Pero que pida con fe, sin dudar, porque quien duda es como las olas del mar, agitadas y llevadas de un lado a otro por el viento."

Santiago 1:6

12 Pasos para activar el emprendedor en ti.

...Secretos compartidos de un Real Ceo *By Claudia Liliana.*

Secreto del Ceo: Enfoca tu energía en lo que vale la pena.

1.-Enfoca tu energía. Para triunfar debes aprender a dirigir tu **energía** hacia la tarea más gratificante. Uno de los errores más grandes que mucha gente comete es dirigir su energía hacia cosas poco importantes. Pon atención a todo lo que te rodea y pregúntate cuáles son las tareas más significativas, las que le darán mayores recompensas a tu negocio y carrera emprendedora

"Porque todo el que ha nacido de Dios vence al mundo. Ésta es la victoria que vence al mundo: nuestra fe." Juan

Secreto del Ceo: Ten la habilidad de dar Prioridades.

2.-Ten la habilidad de dar Prioridades. Piensa en tu meta más importante: Tu EMPRESA, Los que logran grandes cosas nunca pierden de vista sus objetivos. Todos los días haz algo que te acerque más al cumplimiento de tu meta. (Como lo que estás haciendo ahora con este Libro felicidades)

"Ahora, pues, permanecen estas tres virtudes: la fe, la esperanza y el amor. Pero la más excelente de ellas es el amor".

1 Corintios 13:13

3. Proyecta y completa las tareas por escrito (Tal como el guion de una película). Ser capaz de comenzar algo y darle seguimiento hasta que se cumpla es clave para el éxito a largo plazo. Imagínate terminando tus tareas y proyectos. Entre más te imagines esto, mayor será tu determinación para realmente hacerlo.

Continuar y alcanzar sus metas. Tener este tipo de actitud podría ser uno de los hábitos más importantes que puedes incorporar en tu vida diaria.

No importa dónde estés en tu vida, siempre habrá algo que puedas alcanzar. Cuando buscas ser una mejor persona e inviertes en tu futuro y habilidades creces como individuo, lo que provocará que tu valor y éxito aumenten. Pero sobre todo darás una sonrisa a tu creador Jehová, quien te ha diseñado para ser luz, amado, exitoso, proactivo pero sobre todo feliz y realizado.

**"Pon en manos del Señor todas tus obras,
y tus proyectos se cumplirán".**

Proverbios 16:3

12 Pasos para activar el emprendedor en ti.

…Secretos compartidos de un Real Ceo *By Claudia Liliana.*

Secreto del Ceo: Habla de tus logros, "El poder de la Palabra".

Cuando te tomas el tiempo de verbalizar tus triunfos, como individuo y como equipo, te haces más adicto a la sensación que llega con el éxito. Suena un poco obvio, pero se siente bien sentirse bien, y el éxito se siente realmente genial.

Cuando empieces a experimentar las primeras sensaciones de triunfo, disfrútalas. Tómate un momento para afirmarlas, para escribir qué es lo que se siente tan bien de este logro en particular. Tendemos a alcanzar las cosas de las que hablamos y pensamos, así que debes asegurarte que tu vocabulario sea positivo y dirigido al éxito.

Escríbele un Memorándum Formal al Éxito: Se Proactivo.

Escribe en que Enfocarás tú Energía los próximos días, enumera cuales serán tus prioridades a partir de hoy, habla de tus logros y aplica el poder de la palabra en ti.

Ahora, el paso nueve ha sido dado, vas firme en tu decidida actitud de alcanzar el éxito, le has escrito un memorándum al éxito, y ya ha sido contestado: ERES EXITOSO. FELICIDADES.

Todo mi amor en Cristo

Claudia Liliana.

Paso 10: Fortalécete en el Rechazo

(Cada negación te prepara para el sí definitivo).

Como manejar las negaciones y rechazos para convertirlos en el sí definitivo.

Una de las habilidades más importantes que tienes que desarrollar como emprendedor empresario es acostumbrarte a que cada "No", sea una oportunidad para fortalecerte, aprender, crecer y prepararte para un "SI" asertivo y definitivo. Tendrás muchos "No", de parte del banco cuando necesites capital financiero para tu producto o servicio, tendrás muchos "No" de clientes buscando bajar el precio, tendrás "No", con tus amigos, familiares, iglesia, pero en vez de que ello te afecte negativamente, aprende a manejar cada "No" como un paso más cerca de un "SI" y a tu objetivo de: "aprender del fracaso". Buscamos la aceptación, y si bien el rechazo nunca es una respuesta adecuada, es posible manejarlo de manera positiva. En realidad el problema no es el rechazo, sino la manera en que lo interpretamos. Si dejamos de verlo como una temida pesadilla, y tomamos el rechazo como parte necesaria de un proceso de transformación y crecimiento, la reacción será más positiva y tendrá nuevas alternativas para mantener el liderazgo de la comunicación y lograr que quien está recibiendo nuestra presentación, idea de negocios, servicio o producto, te de afirmaciones con sus actitudes hacia ti, que le das una impresión de afirmación tan positiva que ellos te recomienden con más prospectos.

Realmente no es lógico escuchar las mismas objeciones una y otra vez y no saber cómo responderlas y superarlas. No hay razones para no estar preparado.

12 Pasos para activar el emprendedor en ti.

...Secretos compartidos de un Real Ceo *By Claudia Liliana.*

Luego de algunos meses en cualquier ramo de la industria un emprendedor ha escuchado ya la mayoría de las objeciones que escuchará una y otra vez por el resto de sus días.

*Filipenses 4:13 **"Puedo hacer todas las cosas a través de Cristo que me fortalece"***

¿Qué son las objeciones?

Algunas objeciones son respuestas automáticas al desconocimiento de lo que es presentado o simplemente actitudes que han sido condicionadas o programadas para decir a los emprendedores que su idea no sirve. Algunas objeciones son muchas veces una forma elegante de decirte no me convences, como "necesito hablarlo primero con "el alto mando" "No puedo tomar ninguna decisión hasta que ocurra "x" cosa", o "es que no tienen el color que estoy buscando". Tenemos que recordar que estas son situaciones que no debemos tomar como algo personal, se inteligente para recibirlas, analizarlas y usarlas como aprendizaje.

Otras objeciones no significan necesariamente "no", simplemente significan "no todavía", son simplemente pedidos de mayor información. Necesitamos brindar a nuestros receptores suficiente información relevante, sólo la suficiente y precisa información, debemos enfocarnos en la información sustancial que apunta a las necesidades y deseos del receptor para poder recibir un sí, expresándolos en la forma en que nuestro cliente desea comunicarse, y vendiéndole, de la manera en que él compra, las ventajas que construyen el valor de nuestra oferta, de manera que los beneficios de tener nuestro producto o servicio superen ampliamente la inversión necesaria para tenerlo.

***Deuteronomio 31:6** "Sed firmes y valientes. No temáis, ni tengáis miedo de ellos, porque es el Señor, tu Dios, que te acompaña. Él no te dejará ni te desamparará ".*

Secreto del CEO: "Aclarando y Combatiendo las Objeciones".

A menudo las objeciones que se expresan, no representan en verdad las dudas y temores que subyacen en la mente de los clientes. En algunos casos, los mismos clientes no están seguros acerca de la naturaleza de sus objeciones, o tal vez simplemente no han podido expresar verbalmente sus dudas y temores de manera que el emprendedor pudiera comprenderlas plenamente.

También es posible que el receptor, ya sea cliente, inversionista o socio sienta temor de formularle su verdadera objeción, ya sea por pudor, o por sentir que pudiera ser descortés contigo, por lo que produce un filtro entre lo que en realidad piensa y lo que te dice. Algunos ejemplos de objeciones encubiertas podrían ser: tú le caes mal al inversionista, el cliente no confía en tu empresa, el cliente es un deudor moroso que no dispone de crédito, en fin.

Si no descubres el problema real, más tarde, cuando el cliente, socio, inversionista, diga "no", no sabrás por qué. Debes cancelar todas las objeciones, o reducirlas a solo una antes de empezar tu presentación. No deberías dejar de intentar vender tu idea o empresa mientras el cliente, inversionista o socio te esté formulando objeciones o si le estás ofreciendo señales de compra. Si percibes un lenguaje no verbal negativo, tal vez necesites comenzar a preguntar más preguntas, o bien, tener un nuevo encuentro o cita.

La experiencia te ayudará a distinguir entre las objeciones que hay que responder inmediatamente, y aquellas que simplemente debes dejar paz.

12 Pasos para activar el emprendedor en ti.

…Secretos compartidos de un Real Ceo *By Claudia Liliana.*

Isaías 40:31 "Pero los que esperan en Jehová tendrán nuevas fuerzas; levantarán alas como las águilas, correrán y no se cansarán, caminarán y no se fatigarán".

Secretos del Ceo: Si No vendes para que el Negocio.

Aprendiendo a vender.

Una de lo que más comúnmente lleva al fracaso una empresa o ni siquiera se desarrolla en su primera etapa es el no vender, o enfocarse en el Glamour del llamarnos empresarios y no tener nada en nuestra cartera de clientes, si no te gusta vender, no te ilusiones que serás exitoso en ser emprendedor porque es lo primero que tienes que aprender a dominar , el arte de vender, pero no creas que es vender tu producto o servicio tocando la puerta de calle en calle, es tu credibilidad, tu reputación de honestidad, con quien te relacionas, el estilo de vida que llevas , a donde vas y cuanto haces para la comunidad, eso vende por si solo tu producto o servicio, y por ende tu empresa.

No hay nada que funcione todo el tiempo y no hay una sola cosa que funcione para todos. Es por eso que es importante tener estrategias alternativas o distintas maneras de abordar cada una de las más comunes objeciones o situaciones que encontramos con frecuencia.

Jeremias 29: 11 "Porque yo conozco muy bien los planes que tengo proyectados sobre ustedes, son planes de prosperidad, no de desgracia, para asegurarles un porvenir y una esperanza".

Elimina objeciones con preguntas

*"En realidad, sin fe es imposible agradar a Dios, ya que cualquiera que se acerca a Dios tiene que creer que él existe y que recompensa a quienes lo buscan."*Hebreos 11:6

Secretos del Ceo: Reformula la objeción de tus clientes e inversionistas con sus propias palabras antes de responder.

Esto persigue tres propósitos:

1. Permite que el cliente sepa que tú lo estás escuchando. O si es inversionista que pondrá dinero en tu compañía, que sienta que tienes empatía por su punto de vista.

2. Evita malos entendidos y asegura que estás respondiendo a la pregunta correcta. Siempre deja una sensación que quieran volver a verte.

Transforma la objeción en una razón para comprar

Si el emprendedor puede mostrar al cliente o inversionista que cualquiera que sea su objeción es en realidad una razón para comprar o invertir en su proyecto o compañía, podrá desactivar efectivamente la objeción. Cuando una inversionista o cliente potencial manifiesta una objeción, está expresando su principal razón para no comprar o invertir.

12 Pasos para activar el emprendedor en ti.

...Secretos compartidos de un Real Ceo *By Claudia Liliana.*

Si el   emprendedor es capaz de convertir cada objeción en una razón para comprar o invertir   tendrá muchas posibilidades de lograr la venta, y construir sistemas de negocios con éxitos.

Esto también le hace al cliente más difícil continuar usando objeciones, porque la objeción que dijo se ha convertido en la razón para comprar.

"Pidan, y se les dará; busquen, y encontrarán; llamen, y se les abrirá." Mateo 7:7

Secreto del Ceo: Superando el NO del precio o inversión en ti.

Comencemos por decir que la mayoría de los clientes o inversionistas   tienen, o pueden obtener, el dinero para comprar lo que estás vendiendo o invertir en la compañía que les estas   proponiendo, de otra forma no se hubieran molestado en reunirse contigo ni tu estuvieras frente a ellos ya sea como tus clientes o inversionistas potenciales. Sin embargo tienen una objeción a tu precio. Algunos consideran que el precio que les das es muy alto, otros creen que pueden encontrar en otro lugar una oferta de menor precio o que les brinde más valor a cambio de su dinero. Consejo: Si estás al teléfono, visitando o atrayendo muchos clientes que realmente no tienen, o no pueden obtener el dinero para comprar tu producto o servicio, necesitas cambiar de mercado. Segmenta el mercado, y concéntrate sólo en el universo de potenciales clientes que tengan un intenso deseo o necesidad de los beneficios que ofrece tú producto o servicio... ¡y el dinero para comprarlo!

12 Pasos para activar el emprendedor en ti.

...Secretos compartidos de un Real Ceo *By Claudia Liliana.*

Una de las estrategias específicas para neutralizar las objeciones a tu precio, no es el dinero si no lo que vale tu presentación, lo que te dará un "SI".

Algo que debes tener siempre en cuenta es nunca reduzcas el precio sin quitar parte del valor de tu propuesta de otra manera estarás reconociendo que el precio que le estás pidiendo era en verdad demasiado alto.

"Cuando siento miedo,
pongo en ti mi confianza". Salmos 56:3

Secreto del Ceo: Mantén la actitud mental adecuada: Éxito y positivismo (no lo tomes personal).

Si el cliente o inversionista manifiesta una serie de objeciones, no te enojes, ni lo tomes personal, recuerda el ser proactivo. Si pareces enojado, solo conseguirás reforzar sus temores y la desconfianza que son la causa de sus objeciones. De la misma manera, tu lenguaje corporal, tu apariencia, tu postura, y la manera en que hablas deben expresar de manera congruente confiabilidad y seguridad. La manera en que el cliente percibe a tu producto o servicio está íntimamente relacionada con la manera en que te percibe a ti. Uno de los problemas que nos ocasiona una interpretación negativa del rechazo, es que generará en nosotros apatía y miedo a solicitar al cliente que haga el pedido, lo que nos condicionará en el futuro a reducir nuestro promedio de cierre de ventas y con ello nuestra productividad.

12 Pasos para activar el emprendedor en ti.

...Secretos compartidos de un Real Ceo *By Claudia Liliana.*

La profecía auto cumplida de la apatía: Ventas no cerradas.

Ten cuidado cuando   piensas: "Para qué me voy a molestar en convencer a este inversionista o cliente. Para qué voy a perder tiempo diciéndole todos los beneficios que tengo para ofrecerle si seguramente de todos modos me va a decir que no", y entonces simplemente le dices al cliente "Estos son los folletos, si está interesado en algo... llámeme". El cliente   o inversionista se queda solo, con la certeza de que no puedes aportar nada para persuadirlo, y cuando no te compra, piensas: "Yo sabía que no me iba a comprar".   Los emprendedores se enfrentan constantemente con el rechazo, y esto puede ocasionarles una pérdida de confianza y auto-estima.

Tan pronto *como empiezan a creer que no son capaces de hacer algo*, inconscientemente se comportan de manera congruente con esa creencia, de modo que la profecía se cumple, y este resultado funciona como un refuerzo de la creencia limitante.

Si has estado pensando "yo no voy a poder emprender o venderle   a este cliente o inversionista", cámbialo por "Soy un emprendedor preparado y confiable", y cuando este cliente o inversionista escuche lo que tengo que decirle, va a querer comprarme o invertir" y aun referirme con alguien más.

"No permitirá que tu pie resbale;
jamás duerme el que te cuida". Salmos 121:3

12 Pasos para activar el emprendedor en ti.

...Secretos compartidos de un Real Ceo *By Claudia Liliana.*

Secreto del Ceo: Fortaleciéndote en el Rechazo, es la Ecuación de Éxito en ti.

¿Crees realmente ser un emprendedor preparado y confiable? Si tu respuesta es SI, ¡excelente!

Si la respuesta es NO, o no estás seguro: ¿Qué es lo que puedes comenzar a hacer ahora mismo para desarrollar tus conocimientos en tus productos y en el mercado, y tus habilidades de comunicación y persuasión? Si asumes que todo a va resultarte demasiado fácil y que no tienes nada por aprender y mejorar, cada NO que recibas va a ser un verdadero golpe inesperado, un rápido auto sabotaje de tu seguridad, o simplemente ¡le echarás la culpa al cliente por no comprarte! **Fortalecerte en el rechazo es: Decirte a ti mismo "Esto puede ser difícil, pero voy a poner mi mejor esfuerzo para hacer lo correcto y lo voy a lograr".** Entonces, si no alcanzas la meta propuesta en un primer intento, como sabías que no iba a ser fácil, puedes volver a intentar modificando tu conducta en lo necesario para lograr un SI. Te preguntarás si esto funciona siempre. No, no funciona siempre. Pero funciona lo suficiente como para ayudarte a vender mucho más y convencer a mas inversionistas de tus ideas, pero lo que si funciona es como te fortaleces en el rechazo.

"Él fortalece al cansado
y acrecienta las fuerzas del débil". Isaías 40:29

CONCLUSION:

No te preocupes por las pocas veces en que no funcionará, y recuerda que no se trata del rechazo, sino que lo que cuenta es la manera en que reaccionas ante el rechazo. El paso diez ha sido activado en ti, de ahora en adelante cada rechazo o negación en tu carrera empresarial, te hará más fuerte de lo que sabes quieres lograr. ¡Felicidades¡

Todo mi amor en Cristo:

Claudia Liliana.

Paso 11: El arte de Juntar todo en una sola pieza. Tú eres esa Obra maestra.

Ahora, estamos a un paso de mirar en ti, la obra maestra terminada: *Hemos activado el emprendedor que está dentro de ti.* A este nivel, estás listo para crear y elaborar tu plan de negocios de la compañía que formarás, ya sea para iniciar una nueva empresa o hacer crecer la que ya tienes, necesitas tener un **plan de negocios.** Se trata del mapa que te permitirá establecer metas, detallar la estructura de tu organización, su forma de operar, y hacer un presupuesto de apertura, operación y publicidad, entre otros aspectos.

En él, detallarás la misión, visión y objetivos de tu empresa, así como sus alcances. Los expertos advierten que contar con uno puede ser la diferencia entre tener éxito o fracasar en ser un emprendedor.

El reto es plasmar un **concepto sencillo, relevante y entendible** sin hacer de menos las complejidades que implica operar un negocio. Por tanto, deberás incluir en él todos los detalles de tu emprendimiento como lo son el nombre, giro, producto o servicio, mercado al que va dirigido, estrategia de marketing y publicidad; metas financieras y estructura de costos. Pero en mi experiencia, los más destacados son siete los componentes que describen un modelo de negocios.

*"Hagan lo que hagan, trabajen de buena gana, como para el Señor y no como para nadie en este mundo, conscientes de que el Señor los recompensará con la herencia. Ustedes sirven a Cristo el Señor."*Colosenses 3:23-24

12 Pasos para activar el emprendedor en ti.

Sin embargo, que elabores tu plan antes de iniciar las operaciones de tu negocio puede resultar más efectivo. La razón es que determinarás con mayor claridad tus objetivos, quién es tu mercado, tu competencia, y hasta hacer cálculos y proyecciones del dinero que requerirás para operar.

Por ejemplo, si dentro de tus proyecciones calculas que al cabo de dos años tu estrategia de mercadotecnia habrá atraído a 10,000 clientes, pero en tu esquema de personal sólo contemplas a dos vendedores, te verás forzado a revisar y ajustar tu propuesta. Analizarás alternativas como crear alianzas, buscar distribuidores e incrementar tu volumen de ventas.

"No nos cansemos de hacer el bien, porque a su debido tiempo cosecharemos si no nos damos por vencidos".
Gálatas 6:9

"Porque toda casa tiene su constructor, pero el constructor de todo es Dios." Hebreos 3:4

Secreto del Ceo: Tu Obra maestra: Plan de Negocios.

1. Resumen ejecutivo: Contiene información del mercado, los beneficios de tus productos o servicios, la experiencia de los emprendedores, el estado actual de los negocios y factores que pueden potenciar su éxito. Además, señala cuáles son los requerimientos financieros, el uso que se le dará al dinero y los riesgos que pueden afectar el desempeño de la empresa. Esta parte de tu plan de negocios no debe superar dos páginas.

"Porque desde la creación del mundo las cualidades invisibles de Dios, es decir, su eterno poder y su naturaleza divina, se perciben claramente a través de lo que él creó, de modo que nadie tiene excusa."Romanos 1:20 | NVI |

2. Descripción de actividad: ¿Qué? Por lo regular, la descripción del negocio comienza con una breve visión general de la industria. Al hablar de ésta, se deben tocar temas como el panorama actual y sus posibilidades futuras. También debe proporcionar información sobre todos los diferentes mercados dentro de la industria, incluyendo los nuevos productos o desarrollos que beneficien o afecten tu empresa.

"Porque somos hechura de Dios, creados en Cristo Jesús para buenas obras, las cuales Dios dispuso de antemano a fin de que las pongamos en práctica." Efesios 2:10

Secreto del Ceo: 3. Estrategias de mercado. ¿Cómo? Redactando el plan de negocio.

Las Estrategias de Mercado, son el resultado de un análisis meticuloso, el cual debe obligar al empresario a familiarizarse con todos los aspectos de su mercado. Así definirás tu target y tu compañía podrá posicionarse para empezar a lograr las ventas esperadas.

"La creación aguarda con ansiedad la revelación de los hijos de Dios." Romanos 8:19

4. Análisis de la competencia. ¿Cuánto? Redactando el pan de negocio.

Determina las fortalezas y debilidades de los competidores dentro de tu mercado, las estrategias que te darán una ventaja, los obstáculos que se pueden presentar y tus puntos débiles dentro del ciclo de desarrollo del producto.

"Por su propia voluntad nos hizo nacer mediante la palabra verdad, para que fuéramos como los primeros y mejores frutos de su creación" Santiago 1:18

12 Pasos para activar el emprendedor en ti.

...Secretos compartidos de un Real Ceo *By Claudia Liliana.*

Secreto del Ceo: Diseño y desarrollo.

5. ¿Cuándo y Cómo?   Redactando el plan de negocio.

Debe proporcionar a los inversionistas una descripción del diseño del producto, su desarrollo en cuanto a la producción y comercialización, y crear un presupuesto que permita a la compañía alcanzar sus objetivos.

"Puesto que en él vivimos, nos movemos y existimos". Como algunos de sus propios poetas griegos han dicho: "De él somos descendientes." Hechos 17:28

6. Operaciones. El plan de operaciones está diseñado para describir cómo funciona el negocio día con día. Aquí se deben destacar con detalle la logística, las responsabilidades del equipo, las tareas asignadas a cada división dentro de la empresa y los gastos relacionados con las operaciones diarias del negocio.

"Pues Dios no nos ha dado un espíritu de timidez, sino de poder, de amor y de dominio propio." 2 Timoteo 1:7

12 Pasos para activar el emprendedor en ti.

...Secretos compartidos de un Real Ceo *By Claudia Liliana.*

Secreto del Ceo:

7. Estructura financiera. ¿Cuánto? Redactando el plan de negocio.

Aunque se coloque en la última parte del plan de negocios, este apartado no es menos importante. Los inversionistas se fijarán en los cuadros, tablas, fórmulas y hojas de cálculo en esta sección. Lograr un balance entre el enfoque social y de negocios.

"El Señor omnipotente es mi fuerza; da a mis pies la ligereza de una gacela y me hace caminar por las alturas". Habacuc 3:19

Los expertos recomiendan lo siguiente a la hora de redactar tu plan de negocios. Así te resultará más fácil ver cristalizadas tus ideas.

* Utiliza **notas adhesivas** (post-its) para cada uno de los componentes básicos del modelo de negocios. Las ideas deben ser móviles.
 * Usa **palabras e imágenes** para describir todos los bloques. De esta manera, será más sencillo entender el panorama completo.
 * Emplea diferentes **colores** para todos los elementos relacionados con cada segmento de clientes. Así tendrás mayor claridad al expresar tus ideas.
 * No te enamores de tu primera idea. Plantea **modelos de negocios alternativos** para el mismo producto o servicio; después, decide cuál es el más adecuado.
 * Mapea y registra todos los modelos de negocios **nuevos e innovadores** que encuentres. Busca comprender, aprender y aplicarlos al tuyo.

12 Pasos para activar el emprendedor en ti.

...Secretos compartidos de un Real Ceo *By Claudia Liliana.*

* Cuenta una **historia**. Al explicar tu modelo de negocios, empieza desde cero.

"Por último, fortalézcanse con el gran poder del Señor".
Efesios 6:10

"Siempre tengo presente al Señor; con él a mi derecha, nada me hará caer." Salmos 16:8

"La exposición de tus palabras nos da luz, y da entendimiento al sencillo." Salmos 119:130

"Por último, hermanos, consideren bien todo lo verdadero, todo lo respetable, todo lo justo, todo lo puro, todo lo amable, todo lo digno de admiración, en fin, todo lo que sea excelente o merezca elogio". Filipenses 4:8

Conclusión:

El paso Once se ha dado: ¡Felicidades! Admira la obra maestra que ya eres tú, el arte de poner todo junto da como resultado la obra más importante en este emprendedor que hemos activado en ti: *Tu Plan de Negocios*. El plan de negocios te dará fondos, financiamiento, inclusive el mapa de como ejecutar lo que estas emprendiendo, Que hermosa obra se ha activado en ti.

Todo mi amor en Cristo:

Claudia Liliana.

Paso 12: Celebra tu Total transformación y el Emprendedor que está Activado en ti.

Ahora camina y Brilla, lleva luz de éxito donde vayas y se la sal de la tierra, contigo empieza una generación y legacía de Emprendedores.

Siente el reflector en ti, haz llegado al paso 12 y este es el paso de celebrar tu total transformación porque:

^EL EMPRENDEDOR ESTA ACTIVADO EN TI^.

Brilla y lleva la luz del éxito a donde vayas.

Brilla ahora y sé la sal de la tierra y la luz del mundo con el legado que te has atrevido a empezar, por romper paradigmas y atreverte a creer y tener Fe en Ti, pero sabemos ambos que fue quien empezó la obra: Jehová, quien no parara hasta completarla en ti, activado esta en ti el emprendedor, totalmente de adentro hacia afuera, ahora está totalmente visible y factible en ti.

12 Pasos para activar el emprendedor en ti.

...Secretos compartidos de un Real Ceo *By Claudia Liliana.*

Repasemos estos Doce pasos que han activado el Emprendedor en ti:

Paso 1: Controlaste   al Controlador: *Tu mente* la hiciste tu aliada para tener éxito,   tomando el control de ella por medio de una poderosa técnica: **re-programación**, trabajaste en la **reprogramación** positiva de tu mente, por un periodo de varias semanas mediante la técnica de   afirmaciones positivas. Al convertir esas afirmaciones en un hecho, seguimos cuatro importantes aspectos que reforzaron esa reprogramación de tu mente, las cuales debes de   mantenerte firme en aplicarlas cada segundo de tus apasionados días en el mundo emprendedor, las cuales son:

1.- Investigas- Eres un emprendedor Informado.

2.- Estás rodeado de personas de influencia positiva en tu progreso.

3.- Escuchaste tu voz interior y desarrollaste una intensa, profunda y fuerte intimidad con Dios,   Al escuchar esa voz interior, está alineada con ella y sabes ahora que realmente quieres y quien eres.

4.- Proteges desde entonces tus joyas mentales. Tu re-programación de éxito y progreso ya logradas, han sido y seguirán siendo protegidas con celo y absoluta autoridad, de evitar contaminarlas con basura de negatividad y pesimismo de personas con actitudes derrotistas y autodestructiva.

Paso 2: Definiste tu identidad y definitivamente ya sabes: ¡QUIEN ERES! Sabes tú linaje de Reyes, eres hijo del Rey de Reyes: **Jesús**, y sabes ahora que eres parte de una generación de reyes. Ahora no hay confusión ni dudas en tu **IDENTIDAD.**

De ahí descubriste tus 3 tipos de talentos:

1.- Los Evidentes.

2.- Los Ocultos.

3.- Los potenciales.

Eso te definió con tu identidad firme y así aplicar tus talentos en el Emprendedor que hay en ti.

Paso 3: Deseaste lo que quieres. Definiste que quieres y lo deseas desde entonces con todas las fuerzas de tu ser. Descubriste que quieres mediante la técnica de afirmaciones positivas. En este paso definiste también la conexión de lo personal con lo empresarial y la dependencia total del ámbito espiritual, en este paso definiste que todo debe ir conectado, definiste que quieres en el ámbito personal, empresarial y espiritual y lo deseas con la convicción de que lo estas logrando

***Paso 4: Te has ahorrado   el por qué equivocado.
Aquí definiste el porqué de lo que quieres,*** y has evitado el tener una razón equivocada sobre tu plan de vida en negocios y como emprendedor, ahora sabes:

1.- Porque haces lo que haces.

2.- Definiste el por qué equivocado y lo eliminaste.

3.- Definiste tu porque Asertivo.

Paso 5: Visualizaste el éxito como una ORDEN al Universo.

Visualizaste tu   éxito y aprendiste a tenerlo como una foto mental que fue una ORDEN al Universo.   Activaste la técnica de la visualización, hacer una foto mental de lo que sabes tendrás, ya que esa acción produce una consecuencia, el universo se confabula para tu éxito. En este paso aplicaste la técnica de visualización, la cual en base a estudios realizados por la Neuroeconomía que es la ciencia del siglo veinte que estudia el comportamiento del consumidor, esta ciencia afirma que la visualización es tan efectiva porque el cerebro no distingue la diferencia entre un evento real y una visualización realmente vivida por el mismo cerebro, utilizar la técnica de visualización adecuadamente permite que el cuerpo alcance su meta final sin haber llevado a cabo el proceso.

Las técnicas que aprendiste en este   paso para una visualización efectiva son:

1.- Conseguir un estado de Paz.

2.- Visualizaste lo que quieres conseguir, ser, tener o hacer.

3.-Aprendiste a mantener la mente en el presente, disfrutando el proceso de tu éxito

4.- Aprendiste a usar esa orden como influencia de actitud exitosa en tu presente, eso lo logras al ser un observador de tí mismo, cuando visualizas la forma en que hablarás como empresario, como te comportarás como empresario, tomarás acción como empresario, observas lo que ves, escuchas lo que dices tú mismo, sientes el poder de en verdad poseer esa visualización como un hecho.

Paso 6: *Elaboraste tu propio plan de felicidad. Definiste tu plan de felicidad que te dará éxito y por ende ganancias.*

Definiste un proyecto de vida, lo elaboraste y lo mantienes, ahora sabes cómo aprovechar todos los recursos que la vida de emprendedor te ha estado ofreciendo en el camino de esta bendecida jornada, en este paso tienes claro a dónde vas no sólo en tu empresa sino en tu Vida y definiste que quieres realmente CON TU VIDA!

En tu plan de felicidad definiste:

1.- La meta a que pretendes llegar. (No solo con tu negocio, sino también con tu vida)

2.- Las acciones que debes tomar para llegar a esa meta.

3.- El tiempo que te tomará realizar ese plan de felicidad una realidad.

4.-En tu plan también tienes contemplado tus habilidades y los posibles obstáculos y tienes una alternativa para resolverlos.

Paso 7: Le pusiste tiempo de entrega a tu éxito.

En este paso, te convenciste que *el tiempo de entrega* es un término que como emprendedor debes poner especial atención, en cómo invertimos el tiempo, qué hacemos, las horas que estamos trabajando o descansando. Le pusiste tiempo de entrega a tu éxito, y con ello identificamos los malos hábitos que nos impedían cumplir la agenda organizadamente, como el tiempo de entrega es importante, definiste en este paso los ladrones del tiempo, Ladrones del tiempo que debemos eliminar son:

1.-Interrupciones. 2.-improvisación. 3.- Inadecuada administración del tiempo.

Ahora sabes que la improvisación, las interrupciones   y las acciones que hiciste para provocar el cambio en los factores mencionados anteriormente, te permitieron dar un tiempo de entrega, lo cual hace tu transformación a emprendedor en una total realidad, evitas tener inadecuada administración de tu valioso tiempo, porque sabes cuán valioso es tu tiempo ahora que el emprendedor se ha activado en ti.

Santiago 1:5 *"Pero si alguno de vosotros se ve falto de sabiduría, que la pida a Dios, el cual da a todos abundantemente y sin reproche, y le será dada."*

Paso 8: ¡Hiciste que sucediera!

Lo que activa el Ser proactivo= Haces que Suceda.

En este paso como emprendedor, activamos en ti una de las cualidades más importantes que necesitamos como empresarios y emprendedores que es: *La proactividad.*

Hacer las cosas necesarias para provocar que sucedan. Por ello, *eres Proactivo.* De entre todas las *cosas que tenemos a nuestro alrededor, ni siquiera una surgió nunca de* la pasividad de alguien.

Absolutamente todas las cosas que disfrutamos a diario han salido de la acción de una persona que tuvo una idea y decidió convertirla en algo. Solo disfrutamos de comodidades porque alguien un día decidió *actuar.* Desde que esa persona tuvo la idea hasta que tú disfrutaste de ella el proceso pasó por dos fases: *la fase-nada y la fase-algo*.

Mientras generas ideas, piensas y planificas todavía no tienes nada, son el paso previo a algo, pero todavía aun nada concretado son solo Ideas, el tesoro no está en la idea. *El 99.9...% de las ideas nunca pasan de eso, serán solo ideas.* El tesoro está en la minúscula fracción de todas ellas que acaba convirtiéndose en algo, el mundo no lo mueven las personas con ideas, ya que todos las tienen, el mundo lo mueven los pocos dispuestos a hacer algo con ellas: **La verdad está en la acción.**

"En fin, el fruto de la justicia se siembra en paz para los que hacen la paz." Santiago 3:18

Aprendiste las Cualidades de una persona proactiva, que son: Tomen responsabilidad de su vida.

* Antepone los valores a sus sentimientos.* Son tan felices como ellos quieren.* Autorregulación. Responsabilidad para cumplir metas y objetivos.

Si las palabras y las obras se contradicen, te quedas con las Obras, Haz lo que dices que harás.

Paso 9: Le Escribiste un memorándum formal al Éxito.

Las personas más exitosas en este mundo mantienen y dominan los buenos hábitos de comunicar por escrito lo que desean, lo que harán y lo que ejecutaran. Saben lo que deben hacer todos los días y que su energía debe estar dirigida hacia lo que de verdad importa cuando se trata de alcanzar sus metas. Para alcanzar altos niveles de éxito debes comenzar a desarrollar hábitos de los más exitosos en escribirle un memorándum formal al éxito. En este paso aprendiste a cultivar los hábitos que te ayudarán a maximizar los resultados exitosos de Emprender, Educarte y Empoderarte, lo cual da vida al emprendedor que hemos activado en ti, estos son: Enfocar tu energía en lo positivo, tener la habilidad de dar prioridades, proyectar y completar las tareas por escrito. Hablar de tus logros, aprendiste El poder de la Palabra. Cuando empieces a experimentar las primeras sensaciones de triunfo, disfrútalas. Tómate un momento para afirmarlas, para escribir qué es lo que se siente tan bien de este logro en particular. Tendemos a alcanzar las cosas de las que hablamos y pensamos, así que debes asegurarte que tu vocabulario sea positivo y dirigido al éxito.

Paso 10 Aprendiste a fortalécete en el Rechazo

(Cada negación Te prepara para el SI definitivo)

Aprendiste como manejar las negaciones y rechazos para convertirlos en el sí definitivo.

Una de las habilidades más importantes que tienes que desarrollar como emprendedor empresario es acostumbrarte a que cada No, sea una oportunidad para fortalecerte, aprender, crecer y prepararte para un SI asertivo y definitivo. Al activar este paso aprendiste que tendrás muchos NO, de muchos lados, por ejemplo de parte del banco cuando necesites capital financiero para emprender, tendrás muchos No de clientes buscando bajar el precio, tendrás No, con tus amigos, familiares, miembros de tu iglesia, pero en vez de que ello te afecte negativamente, aprende a manejar cada No como un paso más cerca de un Sí y un triunfo más como emprendedor.

Adquiriste el talento de lidiar con:

1.- *Objeciones.*

2.- *Aprendiste que las objeciones son aprendizaje para ti sobre tu producto o servicio.*

3.-*Aprendiste que las objeciones son un problemas a resolver*, y debes de tenerlas resueltas antes de tu presentación de ventas, ir a buscar un contrato o saber dar un precio competitivo, te fortaleciste en cada objeción y negación en la preparación y conocimiento, aprendiste a ser sabio.

4.-*Cada **No** puede convertirse en un **SI**, porque te has fortalecido en el rechazo y ahora pre-calificaras al cliente,* por ello cada presentación que realices tendrás la oportunidad de tu enseñar al cliente al decir sí.

5.- *Te fortaleciste en las negaciones* y tomas ahora las objeciones como una pregunta y obtienes una afirmación o un aspecto positivo para ti como empresario.

6.-*Aprendiste en este paso a tener la actitud mental adecuada: Todo tú grita ¡SI!*

7.-*Definiste en este importante paso, que en cada no* que has recibido como emprendedor y como empresario, te ha fortalecido para mostrarle al mundo que eres realmente un empresario: PREPARADO, CONFIABLE Y EXITOSO, pero sobre todo te ha dado un gran aprendizaje, eso es más sabio.

8.-Eres quien: Emprende, Se Educa, Se empodera. Porque cada No que recibiste, te ha fortalecido de tal manera que tu Fortaleza es tal que sabes que eres más que vencedor, todo en el nombre de Jesús.

Paso 11: El arte de juntar todo en una sola pieza.

Tú eres esa Obra maestra.

Aquí llegamos al paso de mirar en ti, la obra maestra terminada, hemos activado el emprendedor que está dentro de ti.

Aquí, creaste y elaboraste tu plan de negocios de la compañía que formaras, ya sea para iniciar una nueva empresa o hacer crecer la que ya tienes, tienes tu **plan de negocios.** Sabes mediante este paso que es el mapa que te permitirá establecer metas, detallar la estructura de tu organización, su forma de operar, y hacer un presupuesto de apertura, operación y publicidad, entre otros aspectos.

En él, detallaste la misión, visión y objetivos de tu empresa, así como sus alcances. Sabes ahora que contar con uno es la diferencia entre tener éxito o fracasar en ser un emprendedor.

Tu plan de negocios es un **concepto sencillo, relevante y entendible** sin hacer de menos las complejidades que implica operar un negocio. Por tanto, incluiste en él todos los detalles de tu emprendimiento como lo son el nombre, giro, producto o servicio, mercado al que va dirigido, estrategia de marketing y publicidad; metas financieras y estructura de costos. Aprendiste los siete componentes que describen un modelo de negocios.

12 Pasos para activar el emprendedor en ti.

Tu Obra maestra: Plan de Negocios.

1.- Resumen ejecutivo.

2.- Descripción de actividad del negocio, respondiste a la pregunta: que producto o servicio emprenderás como negocio.

3.- Definiste tus estrategias de mercado; definiste la pregunta como lograras tus metas de ser emprendedor y generar ganancias.

4.- Analizaste la competencia, estás listo para arrasar el mercado.

5.- Diseñaste y desarrollaste el ¿cómo y cuándo?

6.- Diseñaste el Plan de operaciones, de cómo operará el negocio día con día.

7.- Concluiste con el ingreso que tendrá tu empresa y las ganancias que te dejara, definiste el ¡Cuanto!

Paso 12: Celebramos tu total transformación en ti:

El Emprendedor ha sido Activado.

Ahora camina y Brilla, lleva luz de éxito donde vayas y se la sal de la tierra, contigo empieza una generación y legacía de emprendedores.

Tomo mi amor en Cristo:

Claudia Liliana.

12 Pasos para activar el emprendedor en ti.

...Secretos compartidos de un Real Ceo *By Claudia Liliana.*

Empresarios Cristianos que han formado Franquicias millonarias mundialmente

Tal como tú, hace décadas atrás, emprendedores exitosos y millonarios construyeron su emporio después de muchos fracasos, pero los que más me impresionan son los que le dan siempre el crédito de su éxito a Dios, para ello quiero compartir contigo como algo especial una publicación de el periódico The New York Times, quien dedicó un largo artículo a billonarios ejecutivos cristianos.

Steven K. Scott, es uno de los fundadores de American Telecast Corporation. Él atribuye todo su éxito en los negocios personales con las enseñanzas de la Biblia e incluso ha escrito varios libros sobre el tema, entre ellos: "Jesús, el hombre más sabio que ha existido" y "Los secretos de los hombres más ricos del mundo".

S. Truitt Cathy, fundador de la cadena de comida rápida Chic-Fill-A, siempre da crédito a Dios por su increíble éxito en un segmento de negocio en el que la competencia es muy feroz. Recientemente, ha declarado públicamente estar en contra del matrimonio gay por lo que los grupos LGBT, le provocaron un boicot general en contra. Pero a la semana siguiente, los cristianos organizaron una campaña que lo ayudó a vencer el récord de ventas en un solo día en su empresa.

A In-N-Out Burger, también opera en el sector de la comida rápida. Cada envoltorio de comida lleva un versículo bíblico. La idea de Rich Snyder, hijo del fundador, que murió en 1993 es su deseo de "expresar su fe sin imponerla a los clientes".

Mary Kay Ash, fundadora de la marca de cosméticos Mary Kay, pone como sello personal: "La fe ayudó

12 Pasos para activar el emprendedor en ti.

...Secretos compartidos de un Real Ceo *By Claudia Liliana.*

Mary Kay a superar los obstáculos y llegar a la cima del éxito. Ella sabía que las Escrituras proporcionan una base sólida para el verdadero éxito en la vida".

Steve Green, es el fundador de Hobby Lobby, una de las cadenas de tiendas de materiales de construcción más grande del mundo. Para él, la fe y los valores afectan la forma en que desarrolla su actividad. Afirma que no mentirles a los proveedores y empleados, es siempre con el objetivo de ofrecer un precio justo. Desde el principio, determinó que los salarios iniciales de sus empleados deben ser 60% más alto que el salario mínimo en EE.UU... La red se cierra los domingos y la música góspel suena en sus tiendas durante horas de oficina.

Jin y Don Chang, los dueños de las tiendas de moda Forever 21, imprimen "Juan 3:16" en la parte inferior de todas las bolsas de compra. Si alguien les pregunta lo que significa, los empleados están capacitados para explicar.

La empresa de Transportes Covenant [Alianza], fundada en 1985 por David A. Parker muestra en sus camiones lo comprometido que está con su dueño. Empezando por el nombre, que se refiere a los numerosos pactos hechos por Dios con los hombres. Además, su logo muestra un pergamino que se asemeja a la materia que se escribieron los primeros textos bíblicos.

La empresa de alimentos Tyson Foods, fue fundada por el evangélico John W. Tyson, según su sitio web, tiene como objetivo "honrar a Dios" en todo lo que produce. Comienza la jornada de trabajo con un momento de oración con el personal en la sede de una empresa multinacional.

Impresionante como estos empresarios millonarios han dado honor a quien honor merece y se ha reflejado en sus generaciones. Visualízate así, nunca sabes dónde llegará las consecuencias de lo que emprenderás.

12 Pasos para activar el emprendedor en ti.

...Secretos compartidos de un Real Ceo *By Claudia Liliana.*

Del Corazón del CEO para ti: Mi mentoria y reflexión del caminar en el mundo emprendedor.

Espero que sirvan de inspiración como me han servido a mí en mi carrera de emprendedora, pero el más sabio CEO de todos los tiempos ha sido Jesús de Nazaret, quien eligió su consejo directivo de una forma tan poderosa mediante sus doce apóstoles, quienes esparcieron el evangelio que es la estructura más sólida de todos los tiempos puesto que se predica y aplica en presentes días en negocios, cultura, religión, empresa, economía y en un estilo de vida día a día. Siempre vigila que tu carrera de emprendedor no sea jamás una maldición ni te traiga el comprometer tu integridad por dinero, no dejes de besar a tus hijos por negocios ambiciosos, no dejes de respetar a tu esposa por las cosas que puede comprar el dinero pero no dan paz, no te deslumbres por el mundo del poder, de marcas, exclusividad y veas a tu esposo de pronto muy poca cosa para ti porque te estas engañando. No permitas socios corruptos, religiones tibias, políticos manipuladores, artistas charlatanes, no pienses jamás que el ser emprendedor te dará identidad, y que sin dinero nada eres, porque estarás equivocado, emprende para bendecir, para empezar un legado generacional de emprendedores que no están peleados con el mundo de inversiones y empresarios, pero también, siembra en tus generaciones un buen corazón, diezma al Rey de Reyes lo que tienes   que diezmar, bendice a otros con proyectos y   da al que no tiene, haz obras altruistas y humanitarias y no compres amigos, simpatía ni felicidad porque eso es falso y no durará. Mujer, si emprendes y eres soltera, no des al mundo la impresión que no necesitas un hombre junto a ti para hacerte feliz, porque aun cuando logres hacer millones de dólares, fuiste creada para recibir amor y protección y el Emprender no debe ser interpretado como mujer de acero, sí, claro que económicamente no necesitas a un hombre o a una mujer para cubrir tus inversiones, pero eso es lo mejor de todo, que con tu talento de emprendedora, y tu independencia, escoges, al hombre que quiera amarte y apoyar todo tu potencial, pero sobre todo siempre cuidarte la espalda y abrazarte cada vez que el cruel mundo de negocios te traicione o la envidia de tu éxito sea toxica con muchas actitudes en tu contra y el con su protección y fortaleza te honre. Mujer emprendedora, no sacrifiques nunca tu femineidad y tu calidez de dar lo mejor que tienes en ti: Amor y vida, se sabía, emprende y re invierte, se fuerte, muestra quien eres, y siempre segura de ti misma porque sabes que el León de Judá esta junto a ti peleando tus batallas, consigue más hablando menos y actuando asertivamente, no seas tibia en demostrar tu autoridad en negocios, no te muestres muy emocional ni apasionada en las inversiones, se apasionada en la ejecución de la misión de lo que emprendas, no te dejes seducir por falsos círculos, ni seas borrego siguiendo el rebaño, sólo sé oveja obediente de tu buen pastor: Jesús, habrás oído la frase que no mezcles lo personal con los negocios, hoy en día eso es obsoleto y falso para mí, porque siempre veo quien es la persona con la que haré negocios para tomar una decisión, no hagas negocios con corruptos ni alacranes o serpientes porque por naturaleza te destrozarán y destruirán. No humilles al que no tiene tu capacidad de emprender, se quién eres, y ten siempre presente que la sabiduría no la compra el dinero, se cómo Debora, quien fue la única Jueza mujer de Israel, quien no tenía hambre de poder y se le dio el poder por su autodominio, tampoco veas el ser esposa y madre como un estorbo para tu carrera emprendedora sino todo lo contrario, que sean tu motivación día a día, acepta la mentoria de otros más sabios y haz alianzas que bendigan tu legado de emprendedores, siempre permanece en luz y brilla todo lo que eres y se la sal de la tierra, discreta, elegante pero con mucha firmeza. Emprendedor, apégate al más sabio CEO de todos los tiempos mediante su Palabra, Jesús de Nazaret, con su gracia y su mayor enseñanza la cual debe ser el centro de todo lo que emprendas: Amor.

Todo mi amor en Cristo:

Claudia Liliana.

12 Pasos para activar el emprendedor en ti.

…Secretos compartidos de un Real Ceo *By Claudia Liliana.*

Tu Regalo de Graduación por parte del CEO "Lideres exitosos de la biblia"

Ahora quiero darte como especial regalo de graduación para celebrar el Emprendedor que se ha Activado en ti, 8 personajes importantes que fueron empresarios en la Biblia, y cualquiera que te toque o con el que te identifiques con su personalidad, historia, obra, te deseo que todo el amor en Cristo que siento por ti que te edifiquen sus historias, sin embargo, Jesús nuestro señor Jesucristo, hijo del Dios todopoderoso quien vive en nosotros por medio del espíritu santo, para mi es el más sabio y poderoso CEO de todos los tiempos y siglos, con su santidad y su elección de apóstoles para esparcir el evangelio, nos da su enseñanza de libertad, amor y gracia. Él es mi inversionista mayoritario y mi más importante consejero en mí día a día en negocios. Sin el nada soy y con el todo lo puedo en su nombre, siempre el CEO en mí, se activó, porque el Jesús vive en mi al aceptarlo como mi Salvador. Adelante, la semilla esta en ti sembrada y has brotado, te has transformado, has activado el emprendedor que hay en ti, ve y brilla, lleva tu luz al mundo y se la sal de la tierra, que fuiste creado para el éxito por nuestro amado alfarero.

Tu linaje de reyes se materializa aquí, en tu Carrera de Emprendedor.

Todo mi amor en Cristo.

Claudia Liliana.

12 Pasos para activar el emprendedor en ti.

...Secretos compartidos de un Real Ceo *By Claudia Liliana.*

8 Nombres y personajes en la Biblia, la palabra de Dios escrita sobre Éxito en negocios y liderazgo.

1. Moises

2. Abraham

3. Isaac

4. Debora

5. David

6. Salomon

7. Ester

8. Job

12 Pasos para activar el emprendedor en ti.

...Secretos compartidos de un Real Ceo *By Claudia Liliana.*

1.- Moisés.- Moisés es un hombre con una formación empresarial y de liderazgo muy fuerte a forma tal que fue escogido por Jehová Dios para liberar al pueblo Judío de la esclavitud de Egipto. El carácter de Moisés es necesitado absolutamente como modelo a seguir para nosotros como empresarios. Moisés fue criado Príncipe y educado con los más altos eruditos de la realeza y entrenado para ser el mejor con la espada y pelear para solo ganar, fue siempre un líder proactivo y reactivo también.   El carácter de Moisés fue moldeado al propósito de   Dios en su diario llevar el liderazgo de 2 millones de personas por 40 años en el desierto, el carácter fuerte e impulsivo de Moisés, sé moldeo al de un excelente líder y tuvo que ser asertivo al tener a su cargo el pueblo de Dios y haber él sido el instrumento para liberal a Israel de la esclavitud de Egipto. Moisés   ha sido por la historia de la humanidad el más grande líder Judío, puso en movimiento el Éxodo. (Éxodo significa Salida, Éxodo a la emigración de un pueblo o de una muchedumbre), Moisés fue profeta y legislador; registró los Diez mandamientos, es autor del Pentateuco, los cinco libros históricos de la Biblia: Génesis, Éxodo, Levítico, Números. Definitivamente el Emprendedor que se ha activado en ti,   se beneficiará enormemente al tomar el carácter y liderazgo de Moisés en tu vida empresarial, Moisés fue líder de más de 2 millones de Israelíes por más de 40 años,

Necesitaras   mucha   templanza   para   operar corporaciones y que de ti se puedan tomar decisiones en millones de personas o clientes, créelo, porque un emprendedor fue creado para ello.

12 Pasos para activar el emprendedor en ti.

...Secretos compartidos de un Real Ceo *By Claudia Liliana.*

Toma de Moisés lo que a tu consideración se adapte a tu personalidad, serás un emprendedor con mucha templanza.

La historia de Moisés se relata en los libros de Éxodo hasta Deuteronomio; Se le menciona también en Hechos 7:20-44; Hebreos 11:23-29.

2.- Abraham.- Abraham fue un hombre escogido por Jehová para su propósito de bendición, escogió a un hombre empresario en aquella época como un próspero ganadero. Su fe era tan grande que agradaba a Dios, fue el fundador de la nación Judía, se ganó el respeto de todos y fue capaz de defender a su familia a pesar de tempestades y pruebas duras. No solo fue un padre amoroso si no que práctico con hechos la hospitalidad aún siendo rico prospero ganadero. Por lo general evitaba los conflictos, pero cuando eran inevitables permitía que su oponente pusiera las reglas para aclarar las disputas, algo muy sabio en el mundo emprendedor. La historia de Abraham se relata en Genesis:11-25, Éxodo, 2:24, Hechos 7:2-8; Romanos 4; Gálatas 3; Hebreos 2:6,7,11.

3.-Isaac.- Un nombre es algo importante, te distingue de los demás, evoca recuerdos, y es un sello que provoca emociones, aprendizaje y sentimientos. Muchos nombres bíblicos logran aún mucho más, eran por lo regular descripciones de hechos importantes del pasado y las esperanzas del futuro para uno, el nombre de ISAAC, que significa ^Risa^ debe haber provocado a sus amados padres Abraham y Sara muchos sentimientos cada vez que lo pronunciaban. En una familia de emprendedores vigorosos, Isaac era tranquilo y no le gustaba meterse en las cosas ajenas a menos que se le pidiera que actuara. Desde que Sara hecho a Ismael hasta que Abraham arreglo su matrimonio con Rebeca, Isaac fue un hijo muy amado y por ende un empresario con un carácter estable y balanceado que hoy en día debemos imitar como emprendedores, Isaac fue el fruto del milagro de Sara cuando tenía 90 años y en Abraham cuando tenía 100 años; fue como su padre la continuación de un legado de ganaderos exitosos es decir emprendedores.

La historia de Isaac se relata en Génesis 17:15-35:23. Romanos 9:7,8. Hebreos 11:17,20. Santiago 2:21-24.

4.-Debora .- Debora fue la única mujer juez de Israel, fue la cuarta de los jueces que gobernaron Israel, fue excelente mediadora, asesora y consejera, cuando se le llamo para ser líder , pudo planear, dirigir y delegar, fue conocida por su poder profético fue un excelente Juez. Son raros los líderes sabios. Llevan a cabo grandes cantidades de trabajo sin involucrarse directamente porque saben hacerlo a través de otras personas. Tienen la capacidad de ver el panorama completo, lo que a menudo escapa a aquellos directamente involucrados, así que son Buenos mediadores, consejeros y estrategas. Debora encaja perfectamente en esta descripción. Ella tuvo todas las habilidades de líder, y tenía una notable relación con Dios. El discernimiento y la confianza que Dios le otorgo a esta mujer la coloco en una posición única en el antiguo testamento. Debora se encuentra entre las mujeres más sobresalientes de la historia. Su historia muestra que no tenía ambición de poder, en todo reconocía a Dios, no negaba ni resistía su posición en la cultura como mujer y como esposa pero tampoco permitió que eso le estorbara en lo absoluto. Su fortaleza y sabiduría son dignas de ser tomadas como modelo para el emprendedor que se ha activado en ti. Creemos erróneamente que cuando un emprendedor es mujer, la naturaleza de quienes somos: madres, esposas, novias, será un yugo en vez de una bendición y motivación. Debora es un ejemplo para la mujer emprendedora que se ha activado en ti. Ella fue la única Jueza porque supo tener liderazgo y servir a otros. La historia de Debora se relata en Jueces: 4,5.

5.- David (Belén, actual Israel, h. 1040 a.C.-Jerusalén, id., h. 970 a.C.) Segundo rey de Israel (h. 1002 a. C.-h. 970 a.C.) y figura central del Antiguo Testamento. Octavo y último hijo de Jesé o Isaí, miembro de una de las principales familias de la tribu de Judá, el profeta Samuel lo ungió en secreto soberano de los hebreos cuando no era más que un muchacho que cuidaba los rebaños paternos en Belén. Siendo aún adolescente, su habilidad musical y la célebre victoria que obtuvo, según la tradición, sobre el gigante filisteo Goliat le ganaron el favor del rey Saúl, monarca que había conseguido unificar en un solo Estado los antiguos reinos de Judá e Israel, y con cuya hija Micol contrajo matrimonio.

Pese a su aprecio inicial, Saúl acabó recelando de la popularidad de David, quien se vio obligado a huir de la corte y vagar durante años por las montañas de Judá, período en que llegó a ponerse temporalmente al servicio de los filisteos. A la muerte de Saúl, las tribus del sur lo proclamaron rey de Judá en Hebrón (h. 1010 a.C.), pero tuvo que derrotar a Isbóset, hijo y sucesor del anterior monarca, en una larga guerra civil, para ser reconocido también como soberano de Israel por las tribus septentrionales (h. 1002 a.C.).

Gracias a una decidida política exterior expansionista, David logró extender los límites de su reino desde el mar

Mediterráneo hasta el río Éufrates, y desde el Líbano hasta el Mar Rojo, tras someter a los pueblos vecinos (amonitas, arameos, edomitas, filisteos y moabitas) y arrebatar la ciudad de Jerusalén a los jebuseos. En política interior, desarrolló una intensa labor unificadora y centralizadora, plasmada en la constitución de una clase de funcionarios, la creación de un ejército profesional y, sobre todo, la elección de Jerusalén como capital política y centro religioso de Israel.

Su reinado, sin embargo, se vio empañado por las tensiones entre las diferentes tribus hebreas y por las intrigas palaciegas urdidas por sus numerosas esposas e hijos, como fueron la sublevación de Absalón, muerto por el general Joab después de haberse proclamado rey en Jerusalén, o la rebelión de Adonías, primogénito del soberano, agraviado por la decisión paterna de designar como sucesor al trono a su hermanastro Salomón. El mayor logro político de David fue, sin duda, la creación de una nación unida y poderosa, de carácter marcadamente teocrático, aunque de corta vida, ya que desapareció poco después de la muerte de su hijo Salomón (929 a.C.), mientras que en la esfera religiosa destacan sus composiciones poéticas -se le reconoce la autoría de un total de 73 salmos- y el proyecto de construir un gran templo en Jerusalén para albergar el Arca de la Alianza, edificio que habría de erigir su sucesor en el trono. La trascendencia de la obra davídica propició que la figura del monarca fuese muy pronto idealizada por el pueblo hebreo como modelo mesiánico, arquetipo que fue posteriormente adoptado por el cristianismo al presentar a Cristo como descendiente de David -«el árbol de Jesé»- e identificar a la Iglesia con «el nuevo Israel». Por este motivo, ha sido representado con frecuencia en el arte cristiano, unas veces como rey y otras como músico, en este último caso retomando la temática iconográfica pagana de Orfeo. Cabe destacar, no obstante, las representaciones escultóricas que nos han legado algunos de los más importantes artistas del Renacimiento italiano, entre las que sobresale la de Miguel Ángel, en la que David aparece con la apariencia apolínea del pastor adolescente vencedor de Goliat

6.- Salomon.- La sabiduría solo es efectiva cuando se pone en práctica. En los primeros años de su vida, Salomón tuvo el sentido para reconocerse necesidad de sabiduría. Pero con el tiempo, Salomón pidió sabiduría para gobernar su reino. Salomón ha sido el hombre más próspero y rico de la historia de la humanidad, las columnas de sus palacios eran de oro, durante su gobierno había abundancia, tenía tantas riquezas como ningún otro palacio. El pidió SABIDURIA para hacer lo que Dios le indico, que fue el ser líder y gobernar, porque pidió solo Sabiduría, Dios lo bendijo y lo prospero enormemente. El reino de Salomón se esparció del río Éufrates al norte de la frontera de Egipto. La tierra entera estaba en paz con este gobierno. Fue el tercer rey de Israel, heredado escogido por David su padre, Salomón fue diplomático, comerciante, recolector, patrocinador de las artes. Salomón fue el hombre más sabio que haya existido en la historia. Él fue autor de Eclesiastés, Cantar de los cantares, Proverbios y Salmos. Salomón construyo el templo de Dios en Jerusalén. Este es un digno personaje para tomar como referencia y ejemplo al ser emprendedor.

La historia de Salomón se relata en 2 de Samuel 12:24. 1 Reyes 11:43.

1 de Crónicas 28,29. 2 de Crónicas 1-10; Nehemías 13:26.

Salmo 72 y Mateo 6:29; 12:42.

7.-Ester: Ester aparece en la Biblia como una mujer que se caracteriza por su fe, su valentía, su preocupación por su pueblo, su prudencia, su autodominio, su sumisión, su sabiduría y su determinación. Ella es leal y obediente a su primo Mardoqueo y se apresta a cumplir su deber de representar al pueblo judío y alcanzar la salvación. En la tradición judía se la ve como un instrumento de la voluntad de <u>Dios</u> para evitar la destrucción del pueblo judío, para proteger y garantizar la paz durante el exilio. El libro de Ester comienza en la Biblia comienza cuando la reina de Vasti se niega a obedecer una orden de su esposo, el rey Austero, por lo que esta reina es desterrada y comienza la búsqueda de una nueva reina. El rey emitió un decreto para reunir a todas las reinas hermosas del imperio y traerlas al harem real, Ester, una joven judía, es una de las escogidas para estar en el Harem real. El rey Asuero quedo tan impresionado con Ester que la hizo reina. Ella era la hija de Abihail, hijo de Benjamín. Su familia no hiciesen uso de la autorización otorgada por Ciro a los exiliados a regresar a Jerusalén, y ha residido con su primo Mordecai, que tenía una oficina en el hogar del rey persa en "Susa en el palacio." Asuero haber divorciado Vasti, Esther decidió que fuera su esposa. Poco después de esto le dio la Agagite Amán, su primer ministro, el poder y autoridad para matar y extirpar todos los judíos en todo el imperio persa.

Por la interposición de Esther esta terrible catástrofe se evitó. Amán fue colgado en la horca que él había tenido la intención de Mardoqueo (Ester 7), y los judíos establecidos una fiesta anual, la fiesta de Purim (qv), en la memoria de su liberación maravillosa. Esto tuvo lugar unos cincuenta y dos años después de la devolución, el año de las grandes batallas de Platea y Micala (AC 479). Esther aparece en la Biblia como una mujer "de profunda piedad, la fe, el coraje, el patriotismo, y la precaución, combinado con la resolución, una hija obediente a su padre adoptivo, dóciles y obedientes a sus consejos, y deseoso de compartir el favor del rey con él por el bien del pueblo judío. Debe haber habido una singular gracia y encanto en su aspecto y modales", ya que se obtuvo gracia ante los ojos de todos los que la veían" (Ester 2:15). Que se crio hasta como un instrumento en la mano de Dios para evitar la destrucción del pueblo judío, y que los proteja y lo remitirá su riqueza y la paz en su cautiverio, también se manifiesta a la cuenta de las Escrituras, Debido al acto de Valentía de Ester, se salvó una nación entera. Ester es un modelo para el emprendedor que se ha activado en ti, acostúmbrate a estar entre reyes, políticos, gobernadores, porque el que emprende y genera empleos y ejecuta su pasión para hacerla un modelo de negocios y producir ganancias, tu emprendedor ya activado en ti debe tener la sabiduría y tomar oportunidades cuando se presenten. Ester es una muestra de cuanto cambias la historia en curso positivo cuando actúas en las oportunidades que se te presentan. La historia de Ester es descrita en la biblia en todo el libro de Ester, antes del libro de Job.

8.-Job. Job es uno de los empresarios más ricos de la historia de la Biblia, fue un hombre exitoso propietario de tierras y ganado y dueño de negocios que bendecía a familias enteras dándole trabajo y alimento, sin embargo, el emprendedor que se ha activado en ti, muchas veces puede tener fracaso y perdida de negocios millonarios y la clave está en no desfallecer y vencer teniendo fe en quien te dará todo lo que puedes perder a creces: Dios Jehová, solo tienes que ser firme en fe. Job, era un empresario de fe, paciencia y resistencia..

Job es considerado un profeta en las religiones abrahámicas: el judaísmo, el cristianismo y el Islam. En los textos bíblicos, su historia es narrada en el Libro de Job, tanto en el Tajan como en el Antiguo Testamento cristiano. En elCorán[1] se hace referencia a la paciencia del profeta Job.

12 Pasos para activar el emprendedor en ti.

...Secretos compartidos de un Real Ceo *By Claudia Liliana.*

Job era un ganadero muy rico, con 7 hijos y 3 hijas y numerosos amigos y criados. Vivía en "la tierra de Uz", la cual es una ciudad mencionada como parte del reino de Edom.

Satán reta a Dios argumentando que el amor de Job es por causa de sus bendiciones y no porque realmente Le ame. Yahvé concede a satán el probar la integridad de Job.

El personaje antagónico, satán, pone a prueba la integridad de la fidelidad de Job con permiso de Dios. Dios concede esta prueba con una única restricción, que no le quite la vida a Job. A partir de ello, satán acecha a Job y le causa múltiples desgracias, tales como enfermedades (sarna), el ataque de caldeos y sabeos a sus criados, la muerte de su ganado, la pobreza, el repudio de su mujer e incluso la muerte de sus hijos.

Terminada la prueba, Job ha probado su fidelidad a Dios y, a pesar de todo lo ocurrido, sale triunfante (Job 42), por lo que le es restituida su anterior felicidad y con más del doble de lo que tenía.

El emprendedor que se ha activado en ti, tendrá que tomar a Job en los momentos normales de escasez y perdidas en negocios. Créeme, por mi propia experiencia puedo decirte que a mí misma, me ha edificado y Dios me ha levantado muchas veces y dado negocios más grandes después de haber perdido otros. La historia de Job se relata en el libro de Job, Además se menciona en Ezequiel 14, 14,20. Santiago 5:11. Siente el reflector en ti, haz llegado al paso 12 y este es el paso de Celebrar tu total transformación porque: ^EL EMPRENDEDOR ESTA ACTIVADO EN TI^.

12 Pasos para activar el emprendedor en ti.

...Secretos compartidos de un Real Ceo *By Claudia Liliana.*

Brilla ahora y se la sal de la tierra y la luz del mundo con el legado que te has atrevido a empezar, por romper paradigmas y atreverte a creer y tener fe en ti, pero sabemos ambos que fue EL quien empezó la obra Jehová y no paro hasta terminarla, y no parara hasta completarla en ti, activado esta en ti el emprendedor, de Aentro hacia afuera, ahora está totalmente visible y factible en ti.

Todo mi amor en Cristo:

Claudia Liliana.

Empresarios en La Biblia:

También la Biblia es una especie de "manual de negocios". Pero no es una fórmula mágica, se tomó tiempo y trabajo duro.

La mayoría las empresas que mencionaré cuyos propietarios se identifican como cristianos son política y socialmente conservadores, lo que les genera una gran cantidad de críticas en el mercado actual. Ellos tratan de mantenerse lejos de los cárteles, que son comunes en el negocio. También se toman muy en serio la enseñanza bíblica de pagar sus impuestos.

Posiblemente, la fórmula de su éxito se resume en unos pocos principios bíblicos como:

"El éxito requiere esfuerzo, así que no seas perezoso."
(Proverbios 21:25-26
"Su persistencia y la calidad de sus productos hacen la diferencia"
(Proverbios 10:04)
"Ser generosos no hace que te quedes pobre" (Proverbios 11:25)
"No trates de hacerte rico rápidamente "(Proverbios 21:05)

12 Pasos para activar el emprendedor en ti.

...Secretos compartidos de un Real Ceo *By Claudia Liliana.*

Recibir a Jesús Oración del Emprendedor Declarando A Jesús Como su Salvador Y CEO por su Corporación.

Padre Jehova Dios, a ti me dirijo este día, por medio de Jesús tu hijo, el único camino a la verdad de llegar a ti, espíritu santo te doy la bienvenida a mi vida y yo Declaro hoy: Que Acepto y Recibo A Jesús como mi Salvador, Amado Dios, acepto a Cristo, ahora mismo como único y exclusivo Salvador de mi alma. Te acepto Jesús, públicamente; no me avergüenzo de ti; perdona mis pecados. Entra a mi corazón. Cambia mi vida. Lávame en tu sangre, y ayúdame a que persevere, firme en tu camino.. Que sea bautizado y que sea lleno del Espíritu Santo. Escribe mi nombre en el Libro de la Vida. Te amo, Jesús. Gracias Jesús, creo en ti y soy salvo ahora. Tu sangre limpió mis pecados.

Amen.